Individuum – Entwicklung – Institution

Band 5

Individuum – Entwicklung – Institution
Band 5

Herausgegeben von
Herrn Prof. Dr. Thomas Trautmann
Universität Hamburg
Schulpädagogik, Sozialpädagogik, Behindertenpädagogik und
Psychologie in Erziehung und Unterricht
Binderstraße 34, 20146 Hamburg

Der Herausgeber der Reihe, Dr. Thomas Trautmann, Jg. 1957, ist Professor für Grundschulpädagogik und -didaktik an der Universität Hamburg. Seine Hauptarbeitsgebiete sind reformorientierter Unterricht, Spiel, Kommunikation und die Förderung Hochbegabter.

Christin Ihde, Thomas Trautmann

Einschulungspraxis von Zwillingen

Logos Verlag Berlin

Bibliografische Information der Deutschen Nationalbibliothek

Die Deutsche Nationalbibliothek verzeichnet diese Publikation in der Deutschen Nationalbibliografie; detaillierte bibliografische Daten sind im Internet über http://dnb.d-nb.de abrufbar.

Der Druck des Buches erfolgte mit freundlicher Unterstützung der Claussen-Simon-Stiftung

© Copyright Logos Verlag Berlin GmbH 2017
Alle Rechte vorbehalten.

ISBN 978-3-8325-4468-3
ISSN 2364-2912

Abbildung auf dem Umschlag: J und C, © Thomas Trautmann

Logos Verlag Berlin GmbH
Comeniushof, Gubener Str. 47,
D-10243 Berlin
Germany

Tel.: +49 (0)30 / 42 85 10 90
Fax: +49 (0)30 / 42 85 10 92
http://www.logos-verlag.de

Vorwort des Herausgebers der Reihe

Im fünften Band stehen Zwillinge im Fokus der Betrachtung. Was haben jene mit Individuum und Entwicklung oder gar Institutionen zu schaffen? Nun, die Frage ist rein rhetorisch. Christin Ihde hat die Einschulungspraxis der (*Institution*) Grundschule in einer der größten Städte Deutschlands sorgfältig untersucht. Lehrpersonen, Schulleitungen, aber auch Eltern und Zwillinge selbst standen Rede und Antwort, was diese (oder jene) Form der Einschulung betraf. Herausgekommen ist ein bunter Patchworkteppich von Ideen, Traditionen, Überzeugungen und Überlegungen – alle scheinbar auf das Wohl der (beiden) Individuen gerichtet, die da in die Klasse 1 eintreten.

Zwillinge sind wirklich unabhängige *Individuen* und doch interdependente – incurvato in sich verschlungene – Wesen mit einer Reihe von Übereinstimmungen und Wesenszügen. Ob so oder so: Die Grundfrage ist – wie entwickeln sie sich intra- und extrauterin, im Kleinkind- und Vorschulalter … bis sie schließlich freudvoll oder eher ängstlich gespannt in die Schule eintreten?

In diesem kurzen Vorwort sind all unsere reihentypischen Schlüsselwörter zum Gegenstand jener Fragen geworden, die uns das Thema (und jeder einzelne Kasus von „doppeltem Aufwachsen") abnötigen. Lassen wir uns ein auf eine Reihe interessanter Fakten zur frühen Zwillingsgenese und staunen wir über die mannigfaltigen Realitäten in der Schuleingangsphase Hamburgs.

Thomas Trautmann im April 2017

Vorwort des Autorenteams

Eineiige Zwillinge, so meint Marcelo Ruffo in seinem Bestseller: *„Geschwisterliebe Geschwisterhass. Die prägendste Beziehung unserer Kindheit"* (2004), sollten unbedingt in verschiedene Kindergärten und Schulen geschickt (und niemals in identische Kleider gesteckt!) werden. War dies der Auslöser für Christin Ihde, in mein Büro zu kommen und sich darüber Gedanken zu machen, wie eigentlich in einer Großstadt wie Hamburg geregelt ist, wer als welcher Zwilling in welche Klasse einer Grundschule mit dem Lernen beginnt?

Wir wissen es beide nicht mehr ganz genau. Was wir jedoch inzwischen wissen ist, dass sich immerhin z.B. Tonja Züllig Gedanken um die Einschulungspraxis von Zwillingen gemacht hat. Unklar ist, wie Hamburg seine Mehrlinge einschult. Die Resultate dieser Studie liegen nun vor. Entstanden ist eine Aufstellung der Vollzugsmodalitäten nahezu aller Grundschulen der Hansestadt mit ungewöhnlichen Realitäten und teils frappierenden Begründungen, warum die Beschulung „so" und „nicht anders" gehandhabt wird. Viele Schulleitungen bzw. Lehrpersonen haben freudig und interessiert Auskunft erteilt, einige waren sogar zu Interviews bereit. Nahezu alle waren kollegial und um Hilfe bemüht. Einige wollten jedoch keine Auskunft geben, andere mochten keine Forschung zulassen, ganz wenige Schulleiter nutzten ihr Hausrecht gar zum Hinauswurf der Forscherin – das ging bis hin zu persönlichen Verunglimpfungen. Die Autorin der Studie hat es letztlich überstanden.

Rundherum haben wir aus der schier unübersehbaren Menge von alten und neuen Erträgen der Zwillingsforschung einige Domänen skizziert, die –

direkt oder auch mit Umwegen – einiges mit der Einschulung zu tun haben. Für die profunden Vorarbeiten und Prä-Studien über Mehrlinge seinen Constanze Rönz, Diba Akthari und Burcu Tükenmez mit großem Merci bedacht.

Dank sei der Behörde für Bildung, Jugend und Sport, insbesondere den Kolleg/innen des Bereiches Bildungsmonitoring für die unkompliziert bereit gestellten Genehmigungen. Chapeau den vielen Informanten aus den Rektorenzimmern und Schulbüros.

Wiederum haben uns Martina Linsel und Lara Maschke mit ihren finalen Blicken auf das Manuskript ein gutes Gefühl für die Drucklegung erzeugt.

Christin Ihde und Thomas Trautmann

Hamburg, im Frühjahr 2017

Inhalt

Vorwort des Herausgebers der Reihe 5

Vorwort des Autorenteams 7

Teil I

Thomas Trautmann; Christin Ihde

Grundlegendes - Zwillinge „als solche" 13

    Anthropologisches 13

    Literarisches 17

    Historisches 20

    Aktuelles 27

    Biologisches 32

    Psychologisches 42

        Exkurs: Emotionale Entwicklung 50

    Dynamisches 55

    Philosophisches 68

    Narratives 69

    Pädagogisches 77

        Didaktisches 81

        Rahmendes 85

    Finales (Trennung versus Nicht-Trennung) 86

Literatur 91

Teil II

Christin Ihde

Spezielles – Zur Einschulungspraxis von Zwillingen in Hamburg 101
    Einleitung – Zwillinge? Beschulen? 101
    Forschungsinteresse und Fragestellungen 104
    Untersuchungsfelder 106
Erhebungsinstrumente und Auswertungsmethoden 108
Darstellung der Ergebnisse 111
    Zur Anzahl der Zwillinge und Drillinge an Hamburger Grundschulen 111
    Beschulungsarten von Zwillingen und Drillingen 120
    Kategorienbildung 125
    Gründe für die gewählte Beschulung von Zwillingen und Drillingen .. 130
Diskussion der Ergebnisse 143
    Zur Anzahl der Mehrlinge an Hamburger Grundschulen 143
    Beschulungsarten von Mehrlingen 147
    Gründe für die gewählte Beschulungsart von Mehrlingen 150
    Kritische Methodenreflexion 156
Fazit der Untersuchung 159
    Didaktische und schulorganisatorische Ableitungen 162
    Modellierung „guter" Mehrlingsbeschulung 165
    Offene Fragen 168

Literatur 171
Abbildungsverzeichnis 173
Tabellenverzeichnis 174
Anhang 175

Grundlegendes[1] - Zwillinge „als solche"

Thomas Trautmann, Christin Ihde

Anthropologisches

Jahrtausende bevor die Menschheit erstmals an die Zwillingsforschung dachte, spielten Zwillinge im Kulturleben der Völker eine wesentliche und bedeutende Rolle (vgl. hier Lottig, 1931, S.2). Sie galten als die „doppelten" Menschen mit besonderen Fähigkeiten und wurden in einigen Gebieten vergöttert. In manchen Gegenden galten sie als Götter oder Herrscher, in anderen wiederum als Teufel und Unterdrückte.[2]

Viele Völker und auch nahezu jede Religion[3] hatte (und hat) eigene mythischen Vorstellungen zum Thema Zwillinge. Das Yorubavolk in Nigeria

---

[1] *Wir (TT & CI) sind uns nach der intensiven Quellensichtung sehr bewusst, dass eine Menge Grundlegendes hier unaufgenommen bleibt. Wir ordneten hier ein, was unseres Erachtens nach zum tieferen Verständnis dieser oder/und jener Auffassung über Mehrlingswissen und Einschulung im weiten Sinne gehört.*
[2] *www.twinsplanet.ch/paedagogik.html, (Letzter Aufruf: 18.04.2016).*
[3] *Das alte Testament (1. Mose 27) berichtet von einem eineiigen Zwillingspaar, die nach ihrer Altersfolge benannt wurden. In diesem Zusammenhang handelt es sich um die Zwillingsbrüder Jakob und Esau. Der Name Jakob stammt aus dem Hebräischen und bedeutet „Fersenhalter", da er als Zweitgeborener zur Welt gekommen ist. In einigen Kulturen, so auch in der Jüdischen, ging das Erbe der Verstorbenen an den erstgeborenen Sohn, weshalb es bei Esau und Jakob zu Streitigkeiten um das Geburtsrecht kam – Jakob siegte mittels einer List (vgl. hier auch Frey 2006, S. 17 f.). In Genesis 38 ist die Rede von den Zwillingen Perez und Sirach. Perez ist ein Sohn von Juda und dessen Schwiegertochter Tamar (Gen 38,29; 1. Chr 2,4). Er hat einen Zwillingsbruder Serach. Bei der Geburt der Zwillingsbrüder Perez und Serach habe Serach seine Hand zuerst aus dem Mutterleib gestreckt; die Hebamme habe seine Hand ergriffen und einen roten Faden darumgebunden, um Serach als Erstgeborenen zu kennzeichnen. Serach habe allerdings seine Hand wieder zurückgezogen und sein Bruder sei als Erster zur Welt gekommen (Vertiefendes bei Gärtner 2011 o.S.).*
Auch die Hohelieder Salomos beinhalten Zwillingsmetaphern: „Deine Zähne gleichen einer Herde frischgeschorener Schafe, die von der Schwemme kommen, die allesamt Zwillinge tragen, und von

weist weltweit die höchste Geburtenrate von Zwillingen auf (Karcher, 1975, S. 38). Bei etwa jeder sechsten Geburt kommen ein- oder zweieiige Pärchen zur Welt. Offenbar ist der Grund die Ernährung mit Yamswurzeln. Diese enthalten das Hormon Progesteron, welches die Eierstöcke anregt, gleichzeitig zwei Eier zur Reife zu bringen. Bei den Yoruba heißt das erstgeborene Kind immer „Taiwo" mit der Bedeutung, dass es den ersten Geschmack der Welt testen soll. Wenn dieses erste Kind schreit signalisiert es dem zweiten Kind („Kehide", dem hinter einer Person kommenden), dass es sich lohnt, auf die Welt zu kommen. Innerhalb dieses Volkes werden Zwillinge stets so benannt, dabei haben die Geschlechter der Zwillinge keinerlei Bedeutung (vgl. Frey, 2006, S. 76). Bei den Yoruba, aber nicht nur dort ist eine Zwillingsgeburt ein kulturelles Ereignis, da sie für verehrte Wesen stehen. Sie bringen Segen über die ganze Familie und halten das Böse fern. Die Mutter wird für ihre Leistung und Fruchtbarkeit mit einem Fest geehrt. Jene Yoruba glauben, dass die Seele der Zwillinge unteilbar ist. Aus diesem Grund wird beim Tod eines Zwillings ein Ersatzobjekt für das Wohlergehen des hinterbliebenden Zwillings in Form einer Holzfigur angefertigt. In dieser Holzfigur soll sich die Seele des Verstorbenen einnisten und immer von dem überlebenden Zwilling an einer Kette um den Hals getragen werden (vgl. Eberhard-Metzger, 1998, S. 7). In Südafrika musste ein überlebender Zwilling in der Nacht vor der Beerdigung gar auf dem Sarg des gestorbenen Geschwisterkindes schlafen.

Bei den Plains-Indianern war es hingegen eine Schande, Zwillinge zu bekommen. Eines der beiden Kinder wurde ausgesetzt. Die Dakota-Indianer brachten ihren Zwillingen großen Respekt entgegen. Sie sahen in ihnen Glücksbringer. Bei den Hopi spielten Zwillinge in der Schöpfungsgeschichte eine wichtige Rolle. Andere indianische Völker sahen in Zwillin-

---

denen keines unfruchtbar ist (Hohelied 4, 2)". Sehr ähnlich ist das Hohelied 6,6, welches lediglich von einer „Herde Mutterschafe" spricht.

gen etwas Besonderes, deshalb wurde ihnen eine besondere Ausbildung bei Häuptlingen oder Medizinmännern zuteil[4].

Völker haben durchaus unterschiedliche Auffassungen davon, wie eine Mehrlingsschwangerschaft entstehen kann. In Südkorea gingen die Menschen davon aus, dass eine Zwillingsschwangerschaft durch den Verzehr von zwei zusammengewachsenen Bananen entstehen könnte (vgl. Bryan, 1994, S. 16; vgl. Eberhard-Metzger, 1998, S. 13). In Malaysia empfehlen die Menschen den Verzehr von zwei zusammengewachsenen Kastanien oder Kirsesamen, wenn sie sich eine Zwillingsschwangerschaft wünschen (vgl. Bryan, 1994, S. 16; vgl. Eberhard-Metzger, 1998, S. 13). Einige südamerikanische Indianerstämme sind davon überzeugt, dass es während der Geburt eines Kindes zur Teilung kommt, allerdings nur wenn die Mutter während der Wehen auf dem Rücken liegt (vgl. Bryan, 1994, S. 17; vgl. Eberhard-Metzger, 1998, S. 13).

Im untergegangenen Peru hingegen sah die Geburt von Zwillingen ganz anders aus. Brachte hier eine Frau Zwillinge zur Welt, kam es zu einer symbolischen Bestrafung der Eltern. Vater und Mutter bekamen je eine Bohne in den Schoß gelegt und mussten hungern, bis die Bohne (allein durch ihre Körperwärme und den Schweiß) zu keimen begann. Anschließend wurde ihnen ein Strick um den Hals gelegt und sie der Öffentlichkeit vorgeführt. Bei diesem Volk blieb entweder nur ein Zwilling am Leben oder keiner. Die Kinder wurden zum Wohle der Gruppe getötet (vgl. Eberhard-Metzger, 1998, S. 10). In Europa waren zu der Zeit des Mittelalters ähnliche Bräuche üblich. Mütter von Zwillingen wurden bestraft, da sie z.B. beschuldigt wurden, einen Pakt mit dem Teufel eingegangen zu sein. Im 15. Jahrhundert gab es in Spanien eine königliche Anordnung, dass die Mütter von Zwillingen auf dem Scheiterhaufen verbrannt werden sollten. Zwillingsmüttern wurden wundersame Kräfte nachgesagt, wodurch sie ih-

---

[4] *Vertiefendes bei: http://www.twinsplanet.ch/mythen.html*

ren Kindern gute und böse Fähigkeiten „vermachten" (vgl. Frey, 2006, S. 256; vgl. Eberhard-Metzger, 1998, S. 10). Noch im ausgehenden Mittelalter glaubten die Menschen daran, dass Zwillinge eine gemeinsame Seele haben. Sie wollten die Zwillingspaare möglichst das ganze Leben zusammenlassen, damit die Seele nicht auseinandergerissen werden kann (vgl. Boltz, 1954, S. 8). Eine irrationale Furcht sorgte in dieser Zeit dafür, dass Menschen die Geburt zweier nahezu gleich aussehender Kinder als Unheilbringer ansehen.

Auch Zwillingen auf Madagaskar drohte vor Zeiten ein grausames Schicksal: Die Dorfbewohner legten die Kinder vor die Kuhställe. Dann öffneten sie die Tore. Die Rinder trampelten über die Mädchen und Jungen hinweg. Wenn ein Kind diese bestialische Tortur überlebte, durfte es aber zu seiner Familie zurückkehren. In einigen Gebieten auf Madagaskar ist das heute noch so. Noch Ende der 1980er-Jahre entstand auf der Insel ein Heim nur für Zwillingskinder. Allerdings beschwerten sich Nachbarn, dass der Wind, der von dort zu ihren Häusern wehte, sie krankmache. Das Heim musste letztlich umziehen. Dieser gerichtete Aberglaube auf der Insel geht zurück auf eine Legende: Die Königin floh vor einem Kampf und vergaß eines ihrer Zwillingskinder. Sie schickte Soldaten zurück, um es zu holen. Dabei wurden alle Männer grausam getötet. „Die Schuld" daran hatte der Zwilling (vgl. Frickel 2016).

Claudius Sieber-Lehmann (2015) hat für Interessenten eine ganze Reihe weiterer sehr lesenswerter anthropologischer Exempel zusammengetragen.

Literarisches

‚Mythos' bzw. ‚Mythe' bezeichnet in erster Linie eine ‚Erzählung von Göttern, Heroen und anderen Gestalten und Geschehnissen aus vorgeschichtlicher Zeit' (vgl. Tepe, 2001). Die ‚Gesamtheit der Götter- und Heldengeschichten eines Volks bzw. Kultur' subsumiert Tepe unter dem Oberbegriff ‚Mythologie'. Mythos ist grundsätzlich ein offenes, jedoch kein willkürliches Konstrukt und daher in verschiedenen teils konkurrierenden Fassungen vorhanden (vgl. hier auch Stiersdorfer, 2014, S. 185). Frey (2006) hingegen stellt den generativen Überlieferungswert in den Mittelpunkt: „Mythen sind ursprünglich oral überlieferte Geschichten, die von der Entstehung der Welt und des Menschen, von Naturerscheinungen und dem Handeln der Götter berichten. Sie werden als überliefertes Wissen über Generationen hinweg weitergegeben" (Frey, 2006, S. 40). Wichtig ist ihm offenbar auch der Bindungswert solcher Überlieferungen. Für die jeweilige Gemeinschaft nämlich, aus der der Mythos hervorgegangen ist „[...] stellt er eine grundlegende, unanzweifelbare Wahrheit dar" (ebd.).

Interessant, dass sich gerade eine Vielzahl von Zwillingsmythen durch unterschiedliche Epochen zog.

Die Ägypter verehrten mit Osiris, dem Herrscher des Totenreichs als zentraler Gottfigur auch seine Gattin sowie Zwillingsschwester Isis[5]. Die Mythologie und offenbar auch der Volksglaube gingen davon aus, dass Zwillingspärchen schon im Mutterleib eine eheähnliche Verbindung eingehen, wodurch in concretio auch die Überlieferung von Isis und Osiris entstand (vgl. Sternberg, 1929, S. 152-153).

Da vielfach angenommen wurde, dass überirdische Kräfte vorhanden waren, wenn Zwillinge geboren wurden, ging man davon aus, dass (ein) Gott

---

[5] www.twinsplanet.ch/paedagogik.html, (Letzter Aufruf: 18.04.2016).

der Vater zumindest von einem der beiden Zwillinge sein muss. Ein Exempel dafür ist das göttliche Liebesabenteuer, aus dem die Zwillinge Castor und Pollux geboren wurden. Der griechischen Mythologie zufolge verführte der listige Zeus die Gattin des Königs Tyndareos von Sparta, Leda, in Gestalt eines Schwans. Leda legte daraufhin zwei Eier, aus denen zum einen die eineiigen Zwillinge Castor und Pollux und zum anderen Helena schlüpften[6] (vgl. hier z.b. Frey, 2006, S. 45; vgl. Eberhard-Metzger, 1998, S. 8; vgl. Karcher, 1975, S. 36).

Es waren einmal zwei Brüder, Castor und Pollux. Pollux war der Sohn des Göttervater Zeus und somit unsterblich wie sein Vater. Castor dagegen hatte einen menschlichen Vater und war sterblich. Die beiden Brüder waren unzertrennlich und immer zusammen unterwegs und erlebten gemeinsam so manche Heldentat. Einmal geschah dann das Unvermeidliche - Castor wurde in einem Kampf getötet.

Sein Bruder Pollux war tieftraurig darüber und wollte auch nicht mehr leben. Er bat seinen Vater darum, sterben zu dürfen, um seinem Bruder ins Totenreich folgen zu können. Zeus war von seiner tiefen Bruderliebe sehr beeindruckt und schlug Pollux vor, zusammen mit Castor abwechselnd einen Tag im Totenreich Hades und einen Tag im Himmelreich Olymp zu verbringen.

Nun waren die Beiden wieder vereint, und diesmal auf ewig. Zeus verschaffte ihnen einen Platz am Sternenhimmel.

Das Sternenbild „Zwillinge", welches am nördlichen Himmel im Mai und Juni von der Sonne durchlaufen wird, ist nach Pollux und Castor benannt (vgl. hier Karcher, 1975, S. 36). In der antiken Mythologie sollen insgesamt über 80 Zwillingspaare unter den Göttern und Helden mit unter-

---

[6] *Dieser Mythos wurde in vielen verschiedenen Versionen überliefert. Die hier angeführte Version ist die bekannteste Variante.*

schiedlichen Attributen zu finden sein. Artemis (die griechische Göttin der Jagd) und Apollon (der griechische Gotte des Lichts und der Heilung) sind, ebenso wie die eben erwähnten Dioskuren Castor und Pollux durchaus Vorbilder, die Gründer Roms Romulus und Remus eher widersprüchlich. Die Söhne des Ödipus, Eteokles und Polyneikes töteten sich gegenseitig und hinterlassen eher einen Eindruck von Abscheu.

Der berühmteste „Zwillingsmythos" von Romulus und Remus ist tatsächlich ambivalent. Mars, der römische Kriegsgott, ließ die Priesterin Rhea Sylvia von einer Vielzahl an Wölfen in eine Höhle jagen. Dort wartete er in Wolfsgestalt auf sie und zeugte mit ihr die Zwillinge Romulus und Remus. Die Mutter setzte die Kinder aus, sodass sie in der Natur von Wölfen gesäugt und später von Hirten aufgezogen wurden (vgl. hier Eberhard-Metzger, 1998, S. 9). Der Legende nach erbauten die Zwillinge dann 753 vor Christus auf den *septem montes* die Stadt Rom. Während des Baus aber gerieten sie in Streit, wobei Romulus seinen Bruder Remus erschlug (vgl. Grant/Hazel, 1994, S. 365; vgl. Sternberg, 1929, S. 157).

Auch indianische Mythen in verschiedenen Kulturen Nord- und Südamerikas beinhalten eine Geschichte von Zwillingen. Bei den Zwillingen handelt es sich meistens Brüderpaare, selten um Schwestern. Die Zwillinge verkörpern oft durchaus gegensätzliche Eigenschaften, die im Laufe der Handlung immer wieder angesprochen werden. So ist ein Bruder der Schlaue und Effiziente, der andere der Dumme und Tollpatschige (sehr gute Beispiele bei Bierhorst 1997).

„Die Geschichte erzählt von einer schwangeren Frau, die von ihrem Mann verlassen wurde. Sie zieht allein durch den Wald und kommt zum Haus eines Jaguars, der sie tötet, die Zwillinge aus ihrem Bauch holt und die Frau dann frisst. Die Frau des Jaguars hilft ihm dabei, rettet aber die Zwillinge und zieht sie mit ihren eigenen Kindern auf. Als die Knaben herangewach-

sen sind, erfahren sie von einem Vogel die Wahrheit über ihre Eltern. Die Zwillinge rächen den Tod ihrer Mutter und töten den Jaguar und seine Frau. Dann ziehen sie durch den Wald, um ihren Vater zu finden."

Amerikanische Indianer erzählen, der Weiße Manitu, der Herr des Lebens, und der Schwarze Manitu, der Herr des Todes, seien Zwillinge. Beide wurden gleichzeitig von der Mondgöttin geboren, der sogenannten Alten Frau, die niemals stirbt.

Letztlich befassen sich nicht nur Mythen, sondern auch Sagen mit dem Zwillingsphänomen. Danach soll es in Schottland bei St. Mungo einen Brunnen geben, aus dem nur ein Fingerhut Wasser getrunken werden muss, woraufhin die nächste eine Zwillingsschwangerschaft werde (vgl. hier Bryan, 1994, S. 17; auch Eberhard-Metzger, 1998, S. 13).

Historisches

Der „Pfad des Guten" und der „Pfad des Bösen" beginnen an der gleichen Wegkreuzung (Geburt). Ohne Licht gibt es keinen Schatten. Ohne das Böse gibt es nicht das Gute. Bei christlichen Wiedertäufern des Mittelalters führte ein solch amplitudischer Glaube zu der Ansicht, Gott und Teufel seien Zwillingsbrüder. Über diese langen und widersprüchlichen Entwicklungslinien kann in diesem Text nicht eingegangen werden. Wir blicken daher in die Neuzeit und zeichnen grob die Tendenzen der Zwillingsforschung nach.

Vorab: In kaum einem Land ist Zwillingsforschung so umstritten wie in Deutschland. Dies hängt in erster Linie mit der Geschichte der deutschen Zwillingsforschung zusammen. Während der NS-Zeit wurde die Zwillingsforschung missbraucht, um Begründungen für die Überlegenheit der „deutschen Rasse" zu finden.

Die Zwillingsforschung ist ein relativ junger Forschungszweig. Erst seit dem Ende des 19. Jahrhunderts sind Zwillinge ein Gegenstand der wissenschaftlichen Forschung. Mediziner, Psychologen, kaum Pädagogen und insbesondere Genetiker interessieren sich für „Zwillinge" – insbesondere um den Einfluss genetischer Faktoren und Umweltfaktoren empirisch zu überprüfen.

Als Begründer der Zwillingsforschung gilt der Cousin von Charles Darwin, Sir Francis Galton, der sich zunächst für die Vererbung menschlicher Eigenschaften interessierte. Er nahm an, dass in der Ähnlichkeit der Zwillinge eine Antwort auf seine Fragen verborgen liege und veröffentlichte im Jahr 1876 sein Werk „The History of Twins as a Criterion of the Relative Powers of Nature and Nurture" (Die Geschichte der Zwillinge als Prüfstein der Kräfte von Anlage und Umwelt). Mit diesem Werk legte er den Grundstein der wissenschaftlichen Zwillingsforschung (vgl. Frey, 2006, S. 24; vgl. Eberhard-Metzger, 1998, S. 56; vgl. Karcher, 1975, S. 25; vgl. Spiegel, 1990, S. 1).

Sir Galton ging davon aus, dass Erziehung und Umwelteinflüsse für die Entwicklung eines Menschen kaum Bedeutung haben. Der Vergleich mit dem Kuckuck stützte seine Theorie. Ein junger Kuckuck wird von seinen Pflegeeltern aufgezogen und hört nur das „Zwitschern" und „Zirpen". Warum entwickelt sich daraus der Kuckucksruf? Der Kuckuck besitzt wie alle Lebewesen genetische Anlagen. In Anbetracht dieses Aspekts stellt sich die Frage, welche Faktoren durch die Umwelt bedingt sind und welche durch das genetische Material geliefert werden (vgl. Frey, 2006, S. 23; vgl. auch Eberhard-Metzger, 1998, S. 57). Genetiker definierten den Umweltbegriff damals wie folgt: „Umwelt ist alles, gleichgültig, woher es kommt, wenn es nur nicht aus dem Genom kommt" (Karcher, 1975, S. 211). Aktuellere Definitionen sehen Umwelt inzwischen differenzierter; als die Teile der Umgebung, welche ein Organismus mit seinen Sinnesorganen erfassen kann. Diese „Merkwelt" wird als psychologische Umwelt bezeichnet. Die

Gesamtheit aller auf den Organismus einwirkenden Faktoren, einschließlich der nicht lebensnotwendigen, bezeichnet man als physiologische Umwelt. Umweltdefinitionen zielen zudem auf denjenigen Ausschnitt der Umgebung eines Organismus hin, der auf irgendeine Weise auf ihn einwirkt („Wirkwelt"). Als minimale Umwelt bezeichnet man alle für die Existenz eines Organismus notwendigen biotischen und abiotischen Faktoren (vgl. Brecher et al 2001).

Die Zwillingsforschung breitete sich nach der Wende zum 20. Jahrhundert immer weiter aus, wo sie um 1920 auch in Deutschland Anschluss fand (vgl. Friedrich, vel Job 1986, S. 13). Der deutsche Forscher Hermann Werner Siemens veröffentlichte im Jahr 1924 ein Buch mit dem Titel „Die Zwillingspathologie - Ihre Bedeutung, ihre Methodik, ihre bisherigen Ergebnisse". Siemens ist hiermit der Begründer der Eiigkeit und Unterscheidung von Zwillingen (vgl. Frey, 2006, S. 25). Mitte der 20er-Jahre des 20. Jahrhunderts war die Zwillingsforschung soweit vorangeschritten, dass eine Unterscheidung zwischen eineiigen und zweieiigen Zwillingen möglich wurde. Eine Fülle an wissenschaftlichen Arbeiten wie der von Siemens wurde im medizinischen, psychologischen, pädagogischen und soziologischen Bereich veröffentlicht. Dabei ging es um die Anfälligkeit für Alkoholismus, psychische Erkrankungen, Homosexualität und die Intelligenz des Menschen. Schon Mitte der 20er-Jahre wurde die klassische Zwillingsmethode als „vorherrschendes humangenetisches Forschungsverfahren" eingesetzt (Mai 1997, S. 62) Dabei wurden eineiige mit zweieiigen Zwillingen verglichen. Dabei galt: Je mehr das Maß der Übereinstimmung bei eineiigen Zwillingen im Vergleich zu dem der zweieiigen voneinander abweicht, desto größer ist die Erblichkeit (vgl. Wright 2000, S. 36.). Im Umkehrschluss würde eine große Übereinstimmung sowohl bei ein- als auch zweieiigen Zwillingen bedeuten, dass der Einfluss der Umwelt sehr groß sein muss (vgl. Schepank et al. 1980).

Durch die Intensivierung (und die damit einhergehenden Fortschritte) der Zwillingsforschung wurden im deutschen Raum bis einschließlich des 2. Weltkriegs immer intensiver Forschungen mit Zwillingen betrieben (vgl. Eberhard-Metzger, 1998, S. 58). So wurde das Anlage-Umwelt-Problem genauer untersucht und fand in der Rassenideologie der Nazis kräftigen Widerhall (vgl. Wright, 2000, S. 25; vgl. Karcher, 1975, S. 222). Im Jahr 1936 wurde im Auftrag des Dahlemer Instituts für menschliche Erblehre und Rassenhygiene in Norderney und an der Ostsee ein so genantes „Zwillingslager" eingerichtet. Hier wurden ein- und zweieiige Zwillinge, bevorzugt aus Großstädten, innerhalb mehrerer Wochen von Psychologen getestet und untersucht (vgl. Karcher, 1975, S. 222). Freiherr Othmar von Verschuer[7] erstellte am Frankfurter Institut für Erbbiologie und Rassenhygiene eine umfangreiche Kartei genetischer Defekte in der deutschen Bevölkerung. Er wollte hauptsächlich untersuchen, in welchem Zusammenhang Krankheiten, Rassen und Rassenvermischung stehen, um das Ausmaß des Schadens an Erbeinflüssen zu beheben (vgl. Wright, 2000, S. 25). Der Hamburger Neurologe und Luftfahrtmediziner Heinrich Lottig, der aus einem sozialdemokratischen Elternhaus stammte, interessierte sich für die Erblichkeit von Charaktereigenschaften und sah die nationalsozialistische Rassenlehre durch seine Zwillingsuntersuchungen bestätigt (vgl. Lottig 1931; 1936). Die Möglichkeiten der Zwillingsforschung zur „genealogischen Erforschung" und einer „empirischen Erbprognose" wurden kurz darauf zu einer wichtigen Entscheidungshilfe bei der Zwangssterilisation von angeblich erbkranken Menschen, die mit dem „Gesetz zur Verhütung erbkranken Nachwuchses" (GzVeN) legitimiert wurde. Das GzVeN trat am 1. Januar 1934 in Kraft (vgl. Mai 1997, S. 79 ff.).

---

[7] *Otmar Freiherr von Verschuer war Mediziner, Humangenetiker und in diesem Kontext Zwillingsforscher. Er gilt als einer der führenden Rassenhygieniker der NS-Zeit. Der SS-Arzt Josef Mengele war sein Doktorand (vgl. Benzenhöfer 2010).*

Höchst unrühmlich bekannt sind auch die „Untersuchungen" an Zwillingen unter der Leitung des eben erwähnten Josef Mengele im Konzentrationslager Auschwitz. Dessen „Experimente" – für die Betroffenen meist tödlich endend, denn von annähernd 3000 Zwillingen in Auschwitz überlebten nur 157 Mengeles wissenschaftliche Neugier (Daten nach Wright 2000, S. 30) – sollten die Geheimnisse der Vererbung aufklären. Das Ziel bestand letztlich darin, eine so genannte Herrenrasse zu schaffen. Mengele versuchte die Unterschiede zwischen den eineiigen Zwillingen zu bestimmen, indem er diese einer Röntgenstrahlung aussetzte, ihnen Blut entnahm, zwischen den Zwillingen Blut transfusierte, sie Krankheiten (u.a. Typhus) und Giften aussetzte, um ihre Widerstandskraft zu messen, sie ohne Betäubung chirurgisch öffnete, um ihre Organe in vitro zu vergleichen. Mehr noch: Um die Iris blau zu färben und somit eine arische Rasse zu erschaffen, wurden Chemikalien in die Augen der Zwillinge injiziert. Mengele unternahm (unter der Leitung von Verschuer) noch andere ethisch und menschlich verwerfliche Untersuchungen[8]. Die Ereignisse brachten die deutsche Zwillingsforschung für lange Zeit in Verruf (vgl. hier Wright, 2000, S. 26-31, vgl. Eberhard-Metzger, 1998, S. 60, vgl. Karcher, 1975, S. 222-223, vgl. Massin 2004, S. 204). Nach dem Ende des zweiten Weltkrieges verboten die Sowjets die Zwillingsforschung, weil naheliegenderweise „[...] die Erforschung von ererbten Fähigkeiten im Gegensatz zu dem marxistischen Ideal stand, daß alle Menschen von Geburt an gleich seien und die Unterschiede zwischen ihnen von ihrer Umwelt oktroyiert würden" (Wright, 2000, S. 24).

Etwa ab 1945 widmete man sich auch in anderen Ländern der Zwillingsforschung. Sir Cyril Burt, ein britischer Psychologe, forschte an Londoner Schulen, wo er den IQ und die schulischen Leistungen von Zwillingen und ihren Verwandten verglich (vgl. Hearnshaw, 1979). Es kam zu einer Er-

---

[8] *Nahezu alle Dokumentationen und dazugehörige Aufzeichnungen „verschwanden" nach dem Ende des zweiten Weltkrieges.*

stellung von eindrücklichen Datenbanken über Erblichkeit und Intelligenz. Im Jahr 1966 veröffentlichte Burt seine Datensammlung aus insgesamt 43 Jahren innerhalb eines Aufsatzes, in dem über Intelligenz, soziale Schicht und soziale Habilität gesprochen wurde (vgl. Wright, 2000, S. 38). Aus Burts Forschungen ließ sich schlussfolgern, dass Intelligenz vererbbar ist (vgl. Frey, 2006, S. 25). Nach Burts Tod wurden seine Forschungsergebnisse angezweifelt (vgl. Joynson 1989), da Kritiker seine Ergebnisse als gefälscht und seine Mitarbeiter als imaginär hinstellten (vgl. Lewontin et al. 1985, S. 22 ff.; vgl. Friedrich, 1983, S. 35).

René Spitz war einer der ersten Psychoanalytiker, welcher sich genau aus dieser Perspektive mit der Zwillingssituation auseinandergesetzt hat. Er entwickelte die Arbeit des Psychiaters und Psychoanalytikers Sanford Gifford (1966, auch 1978) weiter, indem er die Ergebnisse der umfänglichen Längsschnittuntersuchung von eineiigen Zwillingen neu zu interpretieren versuchte. Das Werk „Angeboren oder Erworben?" von Spitz (2000) stellt Umwelteinflüsse bei der Entwicklung von Kindern in den Vordergrund.

Thomas J. Bouchard Jr. begründete die bis dato wahrscheinlich berühmteste und bedeutendste longitudinale Zwillingsstudie über die Einflüsse der Vererbung und Erziehung auf die menschliche Persönlichkeit. Das „Minnesota Center for Twin and Adoption Research" (MISTRA) (Frey, 2006, S. 26), bestehend aus sechs Psychologen, zwei Psychiatern und neun medizinischen Experten beobachtete und befragte eineiige getrennt aufgewachsene Zwillinge und eineiige zusammen aufgewachsenen Zwillinge, die als Vergleichswerte dienen sollten. In sechzehn Jahren wurden so 132 eineiige Zwillinge, sechs eineiige Drillinge, sechs gemischte Drillinge, 76 zweieiige Zwillinge, 26 Zwillingspärchen und 100 Partner, Freunde, Adoptiveltern und Geschwister zwischen dem elften und dem neunundsiebzigsten Lebensjahr untersucht. Bouchard und sein Team stellten dabei fest, dass die Hälfte der in den Tests gemessenen Eigenschaften für die Persönlichkeit genetisch bedingt waren (vgl. Tellegen et al. 1988). Dazu gehörten:

Wohlgefühl, soziale Dominanz, Entfremdung, Aggression, persönliche Erfüllung und die Intelligenz (76 % bei eineiigen getrennt aufgewachsenen Zwillingen und 87 % bei eineiigen zusammen aufgewachsenen Zwillingen). Sie stellten fest, dass Krankheiten wie Akne, Herzerkrankungen, Röteln, Windpocken und Erkrankungen des Immunsystems erblich bedingt sind und ein Erblichkeitsrisiko für Alkoholprobleme, Angewohnheiten und Neigungen, Rauchen, Schlaflosigkeit, Beruf- und Hobbywahl, Gebrauch von Verhüttungsmitteln, Kaffekonsum, Menstruationssymptome, Homosexualität[9] und Suizidgedanken besteht (vgl. Frey, 2006, S. 25; vgl. Wright, 2000, S. 58 ff; vgl. Eberhard-Metzger, 1998, S. 70 ff.; vgl. Spiegel, 1990, S. 1 ff.; vgl. Karcher, 1975, S. 230 ff.). Aus diesen Erkenntnissen folgerten Bouchard und sein Team, dass sich die eineiigen getrennt aufgewachsenen Zwillinge genauso ähnlich sind wie die eineiigen zusammen aufgewachsenen Zwillinge und somit final das Erbgut den Menschen stärker prägt als die Umwelt (vgl. hier Wright, 1996, S. 39). Gleichzeitig räumte Bouchard aber ein, dass „[…] die äußeren Faktoren die Gene grundlegend beeinflussen könnten" (Frey, 2006, S. 27). Dies bestätigt sich in unterschiedlichsten Studien (vgl. z.B. Schore, 2012; Mischel, 2015; Trautmann, 2016).

Sandra Scarr, eine amerikanische Psychologin, entwickelte in den siebziger Jahren des vorigen Jahrhunderts eine Theorie, indem sie der Umwelt einen profunden Einfluss auf den Intellekt der Kinder zuwies (vgl. Scarr 1975). Daraufhin kam es unter Verhaltensgenetikern zum Splitting des Umweltbegriffs, wie dies bereits hier angedeutet wurde. Es wurde nun unterschieden zwischen der gemeinsamen Umwelt, die Zwillinge oder Geschwister einerseits in gleicher Weise erleben (Familie, Nachbarschaft, Kirche, sozialer Status, Erziehungsmethoden der Eltern, Familienmatrix[10]) und jener individuellen Umwelt, die jedes Kind für sich alleine erfährt (verschiedene

---

[9] *Spätere Studien, die sich ausschließlich mit dem Ursprung der Homosexualität beschäftigten, streiten eine Vererbung der Gene ab. Jedoch gingen sie zum Zeitpunkt der Zwillingsforschung davon aus.*
[10] *Dieser Umweltbegriff wurde später partiell in der Lebensweltheorie adaptiert (vgl. z.B. Goffman, 1980 in der Sozialen Arbeit von Thiersch et al. 2005)*

Hauptfächer und unterschiedliche Lebenserfahrungen wie Verletzungen, Liebe, biologische Unterschiede). Lawrence Whrigt (2000, S. 165 ff.) vertritt auf Grund der Untersuchungen von Scarr die These, dass die Familie für 5 % der messbaren Persönlichkeitsmerkmale verantwortlich ist.

Letztlich verfolgten alle Untersuchungen dasselbe Ziel, welches Heinrich Lotze bereits im Jahr 1937 definierte. Zwillingsforschung stellt die Grundfrage der Menschenforschung dar. Sie soll beschreiben, „[…] was und wie viel beim Menschen wesensmäßig gegeben ist und in welchem Ausmaß äußere Einflüsse den mit den Erbanlagen gegebenen Kern des Wesens formen können" (vgl. Lotze, 1937). Überprüfen wir nun, ob sich dieses Paradigma auch in aktuellen Tendenzen der Zwillingsforschung noch halten lässt.

Aktuelles

Constanze Rönz (2008) konstatiert, dass eine genaue Abgrenzung zwischen einer neuen und einer alten Zwillingsforschung in der einschlägigen Literatur „nicht ausgemacht" (ebd., S.27) werden kann. Aus diesem Grunde fasst sie den Begriff der neuen Zwillingsforschung für all jene Entwicklungen, die sich nach dem Gen-Umwelt-Streit in den 70er und 80er-Jahren des 20. Jahrhunderts ergaben. Die gegenwärtige Zwillingsforschung bewegt sich danach in einem „Kompromissbereich" zwischen den durchaus extremen Positionen der klassischen Zwillingsforschung und der des Behaviorismus (vgl. Frey, 2006, S. 28). Wie überholt diese massiven Auseinandersetzungen gegenwärtig scheinen, macht u.a. der bereits erwähnte Walter Mischel deutlich. Er betont, dass es keine Trennung von Genaktivität und Umwelten geben könne (Mischel, 2015, S. 114). Gene, Um- und Lebenswelten und das Selbst wirken danach interdependent (vgl. Trautmann, 2016, S. 138). Wir wissen heute, dass Gene bei Menschen durch Umweltfaktoren angeschaltet und vererbt werden können.

Zwei Tübinger Dissertationsschriften zeigen erziehungswissenschaftliche Aspekte im Zusammenhang mit Zwillingen auf. Der Psychologe Reinhold Lotze (1937) führte Befragungen mit getrennt aufgewachsenen Zwillingen durch und kam zu dem Ergebnis, dass Charakterunterschiede zwischen den befragten Zwillingen als Resultat verschiedener Erziehung zu betrachten sind. Der Pädagoge Peter Grossmann (1965) interviewte ein eineiiges und zweieiiges Zwillingspaar sowie deren Eltern. Er untersuchte Umweltbedingungen für deren Aufwachsen, Erziehungsstile der Eltern, das Sozialverhalten und die Milieus, in denen Zwillinge groß werden. Sein Resümee ist die Verantwortlichkeit verschiedener Umweltvoraussetzungen für die Entwicklung der sozialen und emotionalen Anpassung und fordert eine komplexe Analyse soziokultureller Aufwachsbedingungen (vgl. Grossmann, 1965, S. 213). Ein weiterer Pädagoge, Walter Sauer (1973) untersuchte die Elternsituation von Zwillingen. Eltern von Zwillingen müssen lernen, mit dieser speziellen Situation und der doppelten Belastung umzugehen. Es gibt keine pädagogischen „Rezepte" für Persönlichkeitsentwicklung. Er rät Eltern von Zwillingen u.a., die Unterschiede und Eigentümlichkeiten der Zwillinge zu fordern, damit sie zu eigenständigen Individuen heranwachsen können (vgl. Sauer, 1973, S. 143).

Die aktuelle Zwillingsforschung stützt sich auf verschiedene Vergleichsmethoden. Die Auswahl der Methode hängt davon ab, in welchem Fachgebiet sich der Zwillingsforschung bedient wird. Heinz Schepank (1996) unterscheidet sieben Methoden, die Aufschluss über die Auswirkungen von Genen und Umwelt auf die Entwicklung des Menschen geben sollen. Einige dieser Methoden werden hauptsächlich in der medizinisch-pathologischen Forschung eingesetzt und deshalb an dieser Stelle nicht näher erläutert. Die klassische Zwillingsmethode hat auch heute noch Bestand. Hierbei werden Gruppen eineiiger und zweieiiger Zwillinge in

„Konkordanz- bzw. Diskordanzanalysen" untersucht. Dass durch eineiige Zwillinge, genetisch gesehen, eine zweifache Ausgabe eines Individuums existiert, ist dabei ein wesentliches Paradigma (vgl. Buselmaier/Tariverdian, 2007, S. 352).

Forschungsmethodisch geht man dabei zumeist mittels der Konkordanz- bzw. Diskonkordanzanalyse vor. Konkordanz meint dabei die Übereinstimmung in Bezug auf ein bestimmtes Merkmal (z. B. von Zwillingen). Diskordanz bedeutet demnach eine genetische Nichtübereinstimmung in Bezug auf jenes bestimmte Merkmal. Bei der Methode des „Intrapaardifferenzvergleichs" werden Paarunterschiede an eineiigen und zweieiigen Zwillingen untersucht. Kritisch zu sehen ist die ausschließliche Fixierung auf die Konkordanz unter Nichtberücksichtigung der Umweltfaktoren und ihrer gegenseitigen Verschränkung durch Entwicklung (vgl. Mischel, 2015).

Letztlich ist auch die „prospektive Co-Twin-Control-Methode" von Interesse (vgl. u.a. Hu et al 1998). Dabei wird einer der eineiigen Zwillinge in Bezug auf einen bestimmten Umwelteinfluss manipuliert, während der andere Zwilling diese Manipulation nicht erfährt. So erhofft man sich zum Beispiel mittels unterschiedlicher Leselernmethoden – bei denen die eine auf ein visuelles, die andere auf ein phonetisches Lernen angelegt ist – an eineiigen Zwillingen zu erforschen, auf welche Weise Lesen lernen am besten gelingen kann. Mit Hilfe der Zwillingsforschung können so möglicherweise „pädagogische Konzepte und Unterrichtsmodelle" entwickelt und verbessert werden (Frey, 2006, S. 34).

Unser nur knapper Exkurs in Tendenzen aktueller Zwillingsforschung beschränkt sich auf die Skizzierung weniger Studien. Die Studie German Observational Study of Adult Twins (GOSAT) hatte das Ziel, die „[…] Ursachen für die Verschiedenheit des Menschen zu erkennen und dabei die Beteiligung von Erbanlagen und Umweltfaktoren gegeneinander abzugrenzen" (Angleitner et al. 1995). Dazu untersuchten Psychologen der Universitäten Bielefeld bzw. Frankfurt am Main in Kooperation mit der Universität Warschau 2000 eineiige und zweieiige Zwillinge (ausführlich in Eberhard-Metzger, 1998, S. 61). Es sollten Ursachen für die Verschiedenheiten bei Menschen erkannt und eine genauere Abgrenzung zwischen den Beteiligungen von Erbanlagen und Umweltfaktoren geschaffen werden (vgl. Kandler et al 2013). Grundfrage der Studie war, ob das Temperament eines Menschen in den Genen festgelegt oder durch Erziehung und Umwelteinflüsse bestimmt wird. Ein Resultat der Untersuchung lag in der faktorenbezogenen Bestimmung der Persönlichkeit eines Menschen. Insgesamt fünf solcher Faktoren waren eminent: Introversion/Extroversion, emotionale Stabilität, Gewissenhaftigkeit, Verträglichkeit sowie Erfahrungsoffenheit. Die Untersuchungen zeigten, dass Temperament vererbbar ist, jedoch die Gesamtpersönlichkeit eines Menschen durch die Lebenserfahrungen und soziale Einflüssen entwickelt wird (vgl. Frey, 2006, S. 29, vgl. weiterhin Eberhard-Metzger, 1998, S. 61/62). Die GOSAT-Studie ergab letztlich, dass in den Genen zwar gewisse „Verhaltenstendenzen", aber keine besonderen „Verhaltensweisen" festgelegt sind (vgl. Wolf et al 2003, S. 10; auch Kandler et al 2013).

Eine weitere Studie stellte der Psychoanalytiker Heinz Schepank von der Psychosomatischen Klinik in Mannheim 1996 vor. Er untersuchte vorrangig die Vererbung von psychogenen Erkrankungen. Diese Langzeitstudie (über drei Jahrzehnte hinweg) zeigte, dass Erkrankungen wie Stottern oder Essstörungen eine höhere genetische Bestimmung aufweisen als z.B. Verwahrlosung, funktionelle Störungen oder suizidales Verhalten (vgl. Schepank, 1996). Es konnte ebenfalls eine Beeinflussung von frühkindlichen Umweltfaktoren auf die Lebens- und Krankheitsgeschichte von Zwillingen festgestellt werden (vgl. Schepank, 1996, gute Zusammenfassung bei Eberhard-Metzger, 1998, S. 64).

Auf europäischer Ebene sorgte die GenomEUtwin-Studie, die bis September 2006 durchgeführt wurde, für interessante Resultate. Beteiligt daran waren Schweden, Finnland, Holland, England und Italien. Schweden hat inzwischen das größte Zwillingsregister in Europa.

Die umfangreichste Sammlung von Zwillingsstudien ist TEDS (Twins Early Development Study), die zunächst am Kings College Cambridge installiert wurde. Sowohl Zwillingspaare, ihre Eltern und auch Lehrer wurden zu den verschiedensten Bereichen des kindlichen Lernens und der kindlichen Entwicklungen befragt. Auf der Homepage[11], die im Sinne eines sich selbst perpetuierenden Netzwerkes genutzt wird, sind die Ziele und die methodischen Designs eindrücklich beschrieben. Neben Robert Plomin arbeitet dort auch der Psychologe und Diagnostiker Frank Spinath daran (vgl. Trouton et al 2002; Spinath, 2002). In Bielefeld und Saarbrücken lehrt(e) und untersucht er, wie genetische und umweltbedingte Einflüsse auf das individuelle Verhalten des Menschen wirken (vgl. u.a. Hahn et al 2016; Maas/Spinath 2012; Spinath 2005). Dieser umfängliche Untersuchungsrahmen mit dem besonderen Augenmerk für Zwillinge gliedert sich der Verhaltensgenetik an. Dabei sind eine ganze Reihe hoch interessanter Teilstudien entstanden. KoSMos ist eine mehrfach erhobene longitudinale Zwillingsstudie zu Einflüssen von kognitiven Fähigkeiten und selbsteingeschätzter Motivation auf Schulerfolg. Sie untersucht das Zusammenwirken von kindlichen kognitiven und motivationalen Faktoren sowie bestimmter familiärer Umweltvariablen, die letztlich auf den Schulerfolg von Kindern zielen. Die so genannte „Twin Study on Personality and Well-being" (TwinPaW) untersucht Zusammenhänge von Persönlichkeit und Wohlbefinden aus verhaltensgenetischer Perspektive. ChronoS (vgl. Spinath et al 2012, S. 13) schließlich erweitert das Design auf die Familien von ein- und zweieiigen Zwillinge hinsichtlich der Lebenszufriedenheit und Stressbewältigung. Chronotypen sind dabei Menschen, die

---

[11] *www.teds.ac.uk (Letzter Aufruf am 06.03.2017)*

aufgrund der inneren biologischen Uhr bestimmte physische Merkmale (u.a. Schlaf- und Wachphasen, Leistungsvermögen) zu unterschiedlichen Tageszeiten auch unterschiedlich ausgeprägt haben

Wieder dienen Zwillinge dabei der Anteilbestimmung, welche Verhaltensunterschiede durch genetische oder umweltbedingte Faktoren beeinflusst werden. Hierbei wurden die Untersuchungsschwerpunkte erweitert auf die Einflussfaktoren von Schulerfolg, Ätiologie des Zusammenhangs von Persönlichkeit und Gesundheitsverhalten sowie Gen-Umwelt-Interaktionen und sind somit auch für die hier vorliegende Untersuchung von Interesse. (vgl. hier Spinath, 2006; 2015).

Biologisches

Als Zwillinge werden allgemein Kinder bezeichnet, die innerhalb einer einzigen Schwangerschaft heranwachsen, ausgetragen werden und in den meisten Fällen an dem selben Tag geboren werden (vgl. Frey, 2006, S. 13). Der Begriff „Zwilling" ist abgeleitet von dem altdeutschen Wort „zwinal", was so viel wie „doppelt" heißt. Dass es zwei Arten von Zwillingen gibt, – die, die sich sehr ähnlich sehen, und jene, die sich nicht mehr ähneln als Geschwister – war seit langem bekannt. Unklar war zunächst, dass aus einer Geburt Junge und Mädchen zusammen hervorgehen können (vgl. Bryan, 1994, S. 12-13). Noch im Mittelalter nahm man landläufig an, es sei Inzest in der Gebärmutter erfolgt[12]. Erst im 20. Jahrhundert konnten die Zwillingsarten wissenschaftlich genauer bestimmt werden (vgl. ebd.). Eine Art von Zwillingen stellen die eineiigen[13] (monozygote) Zwillinge dar, die

---

[12] *Für Interessierte: Das Thema wird in der Siegfriedsage von Thomas Mann aufgenommen.*
[13] *Wissenschaftlich gesehen sind die Bezeichnungen ein- und zweieiiger Zwilling tatsächlich nicht korrekt. Innerhalb einer unbefruchteten Eizelle befinden sich keine väterlichen Erbanlagen. Damit kann (noch) keine Teilung stattfinden. Erst die Zygote (befruchtete Eizelle) bewerkstelligt dies. Zwill-*

exakt dieselben Erbanlagen aufweisen (vgl. Frey, 2006, S. 13; Buselmaier/Tariverdian 2007, S. 352). Sie entwickeln sich aus einer Eizelle und haben somit immer dasselbe Geschlecht, bis auf sehr wenige Ausnahmen (vgl. Spinath, 2004, S. 10). Eineiige Zwillinge weisen jedoch nicht nur zumeist dasselbe Geschlecht auf, sondern besitzen auch gemeinsame äußere Merkmale wie Haarfarbe, Haarform, Augenfarbe, Blutgruppe, Zungenfalte, Form und Stellung der Augenbrauen, Lippen und Nase (vgl. hier Boltz, 1954, S. 49). Diese Merkmale lassen die Zwillinge optisch gleich aussehen, da dasselbe Erbgut mit gleicher Chromosomenanzahl und -anordnung vorliegt. Eineiige Zwillinge können trotz allem unterschiedlich groß sein, da die phänotypische Größe abhängig ist von der Ernährung während der Schwangerschaft (vgl. Bryan, 1994, S. 13). Die wenigen Fälle von eineiigen, genetisch identischen Zwillingen mit unterschiedlichen Geschlechtern (vgl. Wright, 2000, S.137; vgl. Wright, 1996, S. 34) entwickeln sich, wenn eines der beiden Kinder 46 Chromosomen mit einem XX-Chromosomenpaar für weiblich oder einem XY-Chromosomenpaar für männlich besitzt. Das andere Zwillingskind besitzt in diesem Fall jedoch nur 45 Chromosomen, und kein 46. Chromosomenpaar, sondern nur ein einzelnes X-Chromosom. Diesem Kind fehlt demnach ein X- bzw. ein Y-Chromosom (vgl. Bryan, 1994, S. 13). Aus dieser interessanten Konstellation folgt, dass der „potenzielle Junge" ein Mädchen ist und das Mädchen einen Spezialfall[14] darstellt.

Die Spiegelbildlichkeit ist ein weiteres Phänomen, welches bei 25% aller eineiigen Zwillinge vorhanden ist. Es stellt den Zustand des Spiegelbildes

---

inge werden damit wissenschaftlich als mono- und dizygot bezeichnet. Wir entschieden uns, die übliche (umgangssprachliche) Bezeichnung beizubehalten.
[14] *Dieser Chromosomenverlust wird als Ullrich-Turner-Syndrom bezeichnet. Mädchen mit dem Turner-Syndrom sind kleinwüchsig, haben einen breiten Brustkorb und zusätzliche Hautfalten am Hals. Diese Art von genetischem Defekt tritt zu einer Wahrscheinlichkeit von 1:10000 Geburten auf. Aufgrund des nicht vorhandenen zweiten X-Chromosoms erfolgt keine Entwicklung des weiblichen Körpers und der Eierstöcke (vgl. Wright, 2000, S. 137). Aus diesem Grund sind Frauen mit dem Turner-Syndrom unfruchtbar (vgl. Bryan, 1994, S. 13).*

eines Zwillings zu seinem Geschwister dar (vgl. Eberhard-Metzger, 1998, S. 15; vgl. Karcher, 1975, S. 183), welche seitenverkehrt zueinander gebaut sind. Dieses Phänomen lässt sich wie folgt denken: Ein Zwilling ist Rechtshänder und sein Geschwister ist Linkshänder, sie können dasselbe Muttermal haben, einer besitzt es links, der andere rechts, sogar die Fingerabdrücke, Haarwirbel und Zähne. Innere Organe (z.B. Herz und Leber) sind spiegelbildlich angeordnet (vgl. Wright, 1996, S. 34; vgl. Zimmer, 1993, S. 4). Da des Öfteren bei Zwillingen Linkshändigkeit zu beobachten war, nahm der Zwillingsforscher Luigi Gedda, an, dass alle linkshändigen Einlinge überlebende Zwillingskinder sind (vgl. Zazzo, 1984, S. 94/-95; auch Wright, 1996, S. 36).

Lassen wir die Anlage eines eineiigen Zwillings einmal „im Zeitraffer" entstehen. Die ehemals befruchtete Eizelle befindet sich in einem Furchungsstadium (Blastomere) mit zwei genetisch identisch ausgestatteten Zellkernen. Der Zusammenhalt (Adhäsion) der Zellen ist gering, die Zellen sind omnipotent (können damit alle Arten von Zellen bilden). Durch Teilung entsteht das so genannte Achtzellenstadium (Morula oder Maulbeerkeim) und der erste Differenzierungsprozess beginnt. Wenn sich die Glashaut (*zona pellicula*) auflöst, entsteht bei den beiden Blastozyten (Blasenkeimen) eine getrennte Einnistung (Nidation) im Uterus. Jeder der beiden Embryonen verfügt über eine äußere Fruchthülle (Chorion) und erzeugt eine eigene Plazenta (Mutterkuchen)[15].

Die zweite Art von Zwillingen wird als zweieiige (dizygote) Zwillinge bezeichnet. Sie gehen aus der Befruchtung zweier Eizellen hervor (vgl. Züllig, 2012, S. 7). Lottig (1931, S. 4) macht darauf aufmerksam, dass dabei zwei Eizellen im identischen Zyklus durch zwei verschiedene Spermien

---

[15] *Im frühen Blasenkeimstadium kommt es oft zur Durchschnürung des Embryos. Diese beiden Embryonen haben zwar eine getrennte Amnioshöhle, jedoch eine gemeinsame Platzenta und Chorion. Selten kommt es zu einer späteren Trennung (vgl hier Buselmaier/Tariverdian 2007, S. 353).*

befruchtet werden. Die genetische Ähnlichkeit von zweieiigen Zwillingen liegt bei 50 % (vgl. Frey, 2006, S. 14; auch Spinath, 2004, S. 10). Damit stehen sie sich in der Erbähnlichkeit nicht näher als jedes andere Geschwisterpaar (vgl. Züllig, 2012, S. 4). Es lässt sich schlussfolgern, dass die Geschlechter von zweieiigen Zwillingen identisch sein können, aber nicht müssen.

Im Zeitraffer nisten nunmehr zwei Zygoten (befruchtete Eizellen) im Uterus (Gebärmutter) einzeln. Dabei formen sie ihre komplett eigene Plazenta, ihr Chorion und Amnion (Schafshaut, eine innere Eihülle). Dabei befindet sich zwischen den beiden Fruchthöhlen eine Scheidewand, die durch diese zwei Amnien und ebenso viele Chorien geformt wird.

Zweieiige Zwillinge können indes auf vier verschiedene Arten entstehen, in den seltensten Fällen kann tatsächlich herausgefunden werden, wie sie wirklich entstanden sind.

a. Die Befruchtung der Eizellen kann zu unterschiedlichen Zeitpunkten stattgefunden haben, da Frauen an mehreren Tagen innerhalb eines Zyklus empfänglich sind. Diese Art der Befruchtung wird „Superfecundatio" (Überschwängerung) genannt. Hierbei können die Zwillinge durchaus unterschiedliche Erzeuger haben, dessen Erbeigenschaften sich nicht miteinander vermengen lassen (vgl. Eberhard-Metzger, 1998, S. 18; vgl. Karcher, 1975, S. 94).

b. Es kann ebenfalls vorkommen, dass eine zweite Befruchtung zu einem späteren Eisprung stattfindet. Dieses Phänomen wird „Superfetatio" (Überfruchtung) genannt, da es trotz der schon bestehenden Schwangerschaft zu einer weiteren Befruchtung kommen kann (vgl. Eberhard-Metzger, 1998, S. 17-18). In diesem Fall wurde durch die Plazenta und den Uterus das Gestagenhormon nicht ausreichend produziert (vgl. Karcher, 1975, S. 93). Durch dieses Ereignis kann es auch vorkommen, dass eine Frau bei der

Geburt zwei Neugeborene unterschiedlichen Alters zur Welt bringt (vgl. Eberhard-Metzger, 1998, S. 17-18).

c. Eine dritte Art zweieiige Zwillinge zu zeugen ist möglich, wenn ein Ei sich vor der Befruchtung teilt und beide Eihälften nach der Teilung befruchtet werden (vgl. Bryan, 1994, S. 14). Somit wären die Zwillinge einander ähnlicher als zweieiige Zwillinge, jedoch weniger ähnlich als eineiige Zwillinge (vgl. Karcher, 1975, S. 109).

d. Eine vierte Möglichkeit (mit einer sehr geringen Wahrscheinlichkeit) ist, dass die Frau mit zwei Uteri geboren wurde. Demnach können zwei Eier zu unterschiedlichen Zeitpunkten befruchtet werden und jedes Ei nistet sich in einem Uterus ein. Bei dieser Art von Schwangerschaft werden die Zwillinge höchst wahrscheinlich zu unterschiedlichen Zeitpunkten geboren.

Nicht jede Zwillingsschwangerschaft führt zu einer Zwillingsgeburt. Schätzungen zufolge münden 50 % aller Zwillingsschwangerschaften in der Geburt eines Kindes (vgl. Bryan, 1994, S. 16). Es kann der Fall auftreten, dass ein Embryo in den ersten drei Monaten nach der Empfängnis abstirbt und von der Gebärmutter der Mutter resorbiert oder von seinem Geschwister absorbiert wird (vgl. Frey, 2006, S. 33; vgl. auch Zimmer, 1993, S. 7). Dieses Ereignis wird als „vanishing twin syndrome" bezeichnet. Einige Föten sterben zwischen der 12. und 38. Woche. In diesem Fall bleibt der tote Fötus bis zur Geburt in der Gebärmutter. Dieses Phänomen wird als „fetus papyraceus" bezeichnet (vgl. Bryan, 1994, S. 16). Diese Prozesse treten wesentlich häufiger bei so genannten Mehrlings- als bei Zwillingsschwangerschaften auf. Es kann auch sein, dass alle Kinder überleben oder auch gar keines, da die Versorgung mit Blut oder Nahrung nur eingeschränkt vorhanden ist und sie sich nicht vollständig entwickeln können. Aus diesem Grund wird den Eltern eine selektive Tötung vorgeschlagen, wodurch die übrig gebliebenen Mehrlinge eine höhere Entwicklungschance haben (gute Übersicht bei Bryan, 1994, S. 107 ff.).

Stellen wir abschließend noch die Frage, wie es überhaupt zu einer Teilung der Eizelle oder zur Reifung zweier Eizellen kommt. Die Hirnanhangsdrüse ist für die Produktion des Hormons Gonadotropin verantwortlich, welches die Eierstöcke stimuliert, die Reifung der Eizellen reguliert und deren Transport in die Eileiter ermöglicht. Kommt es zu einer Erhöhung des Gonadotropinspiegels, erhöht sich die Wahrscheinlichkeit, dass zwei oder mehrere Eizellen während eines Monatszyklus heranreifen und schließlich befruchtet werden können. Helmut Karcher (1975) macht zudem darauf aufmerksam, dass eine weitere ausschlaggebende Komponente das Alter und die erste Menstruation[16] der Mutter sei (vgl. Karcher, 1975, S. 93). Auch Frauen, die sich in den dreißiger Jahren und höher befinden bzw. und/oder nicht Erstgebärende sind, werden mit einer höheren Wahrscheinlichkeit Mehrlingsmütter[17]. Bewiesen ist darüber hinaus ein Wahrscheinlichkeitsanstieg für eine Mehrlingsschwangerschaft, wenn die Mutter selbst ein zweieiiges Zwillingskind ist, ein zweieiiges Zwillingspaar als Geschwister hat oder bereits selber Mutter von zweieiigen Zwillingen ist. In diesem Fall wäre sie mit einer Wahrscheinlichkeit von 1:20 mit Mehrlingen schwanger. Daraus lässt sich schließen, dass die Frau eine genetisch dominante Zwillingsneigung aufweist (vgl. hier Bryan, 1994, S. 17-18). Nachgewiesen ist überdies, dass die männliche Potenz nicht zu einer Mehrlingsschwangerschaft beiträgt, sondern lediglich die mütterliche Veranlagung relevant ist (vgl. Karcher, 1975, S. 93).

Bleibt die Frage: Wie hoch ist die Wahrscheinlichkeit, mit Zwillingen schwanger zu werden? Allgemein bekannt ist die Hellin-Regel, die eine

---

[16] *Eine frühe Menstruation ist danach ein Anzeichen für eine starke Hormonversorgung der Frau und weist somit auf einen erhöhten Gonadotropinspiegel hin.*
[17] *Im Volksmund wurde angenommen, dass innerhalb von Zwillingsfamilien in jeder zweiten Generation Zwillinge entstehen. Diese Annahme konnte bis heute jedoch noch nicht wissenschaftlich bewiesen werden.*

Formel für die Häufigkeit von Mehrlingsgeburten angibt. Der Ausgangspunkt – die Zwillingsgeburt – liegt danach bei 1:85[1], jede weitere Mehrlingsgeburt steigt um einen Exponenten. Für Drillinge lautet danach die Formel $1:85^2$, für Vierlinge $1:85^5$. Elisabeth Bryan berichtete, dass die Zwillingsrate in den vierziger und fünfziger Jahren des 20. Jahrhunderts bei 1:80 lag (vgl. Bryan, 1994, S. 15). Im Jahr 1954 schrieb Vera Boltz, dass durchschnittlich mit einer Wahrscheinlichkeit von 1:87 Geburten ein Zwillingspaar[18] auftritt, davon waren zur damaligen Zeit ein Viertel eineiige Zwillinge (vgl. Boltz, 1954, S. 49). Dieter Zimmer stellte 1993 empirisch genauere Werte zusammen. Danach gehen innerhalb der weißen Bevölkerung bei 8 von 1000 Geburten, innerhalb der schwarzen Bevölkerung bei 16 von 1000 Geburten, innerhalb der orientalischen Bevölkerung bei 4 von 1000 Geburten und innerhalb nigerianischer Stämme bei 32 von 1000 Geburten, Zwillinge hervor. Von allen Zwillingen waren durchschnittlich dreieinhalb Kinder eineiige Zwillinge (vgl. Zimmer, 1993, S. 7).

Auch Claudia Eberhard-Metzger (1998) untersuchte Zwillingswahrscheinlichkeiten. Danach lagen in Europa und der USA die Zahlen der Zwillingsgeburten bei 1,2 % aller Geburten. In Japan hingegen lag die Geburtenrate der Zwillinge bei 0,3 – 0,6 %, dagegen betrug sie in Nigeria 4,5 %. Sie geht mit Bryan konform, welche die Geburtenrate der Zwillinge zu den vierziger und fünfziger Jahren bei 1:80 sah. Im Jahr 1996 wurden die Werte innerhalb Deutschlands neu erfasst. Die Geburtenrate der Zwillinge stieg danach auf 1:50/60 an (vgl. Frey, 2006, S. 14). Mittlerweile hat sich der Wert wieder bei 1:80 stabilisiert. Die Schwankungen der Zwillingsgeburten werden zurückgeführt auf das Alter der Frau (vgl. hier Lawlor/Nelsen 2012, S. 523) und ihre erste Menstruation. In Deutschland werden durchschnittlich immer mehr Frauen im Alter von 35 Jahren schwanger,

---

[18] *Die Wahrscheinlichkeit, Drillinge zu gebären liegt etwa bei 1:15000/20000 und die Wahrscheinlichkeit Vierlinge zu gebären bei 1:2 Millionen (vgl. Eberhard-Metzger, 1998, S. 83).*

wodurch die Wahrscheinlichkeit einer zweieiigen Zwillingsgeburt steigt[19]. Zum anderen werden immer mehr Frauen hinsichtlich auftretender Fruchtbarkeitsstörungen behandelt (vgl. Eberhard-Metzger, 1998, S. 24). Diese Frauen bekommen künstliche Hormone – unter anderem Gonadotropin – zur Stimulation des Eisprungs verschrieben (vgl. Stauber, 2013). Dabei kann es dann zu einer Auslösung von mehreren befruchteten Eizellen kommen. Eine weitere Möglichkeit für die erhöhte Zwillingsrate ist die praktizierte In-vitro-Fertilisation (vgl. hier Luke et al 2012). Bei dieser Methode werden Eizellen außerhalb des Mutterleibes in einem Reagenzglas befruchtet und anschließend in die Gebärmutter der Frau eingefügt (vgl. Ludwig/Diedrich, 1996). Eine weitere Vorgehensweise ist der intratubare Embryonentransfer, welches die künstliche Befruchtung mit vorhandenen Samenzellen innerhalb des Eileiters darstellt (vgl. Bryan, 1994, S. 19). Durch eine künstliche Befruchtung werden meistens mehrere befruchtete Eizellen in die Gebärmutter einer Frau eingepflanzt, um auch bei einer Abstoßungsreaktion des Körpers mindestens einen Embryo zu erhalten. Aus diesem Grund sind in vielen Fällen schon drei befruchtete Eizellen in der Gebärmutter, die sich dann zu Drillingen entwickeln (trizygot). In anderen Fällen kommt es vor, dass zwei Eizellen reifen und befruchtet werden. Wenn sich eine Eizelle nach der Befruchtung teilt, entstehen Drillinge (dizygot). Eine Möglichkeit wäre auch, dass ein Ei heranreift und befruchtet wird. Nach der Befruchtung teilt sich das Ei, sodass zwei Eizellen entstehen. Im Anschluss dieser Teilung kann sich eines der Eier noch einmal teilen und es entstehen wiederum Drillinge[20] (monozygot).

Nahezu alle Eltern möchten wissen, ob ihre Zwillinge ein oder zweieiig sind. Wie bestimmt man die Eiigkeit von Mehrlingen? Hier galt einerseits lange Zeit das Verfahren der Eihautdiagnose als der sicherste Weg zur Be-

---

[19] *Wagner (1996, S. 11) sieht als Begründung dafür, dass Frauen im Alter mehr Hormone ausschütten.*
[20] *Die Entstehung von Vierlingen verläuft synchron derer von Zwillingen und Drillingen, mit der Ausnahme, dass es „symmetrische" und „asymmetrische" Vierlinge geben kann.*

stimmung der Eiigkeit von Zwillingen (vgl. Lottig, 1931, S. 4). Bekannt war früh, dass gegengeschlechtliche Zwillinge immer zweieiig sind (vgl. hier Burchardt 1999, S. 48).

Bei Zwillingen liegen zwei Arten von Plazenten vor. Die monochoriote Plazenta besitzt eine einzige Membran, welche als Chorion bezeichnet wird. Das Chorion umschließt beide Kinder und ist mit der Plazenta verbunden. Innerhalb des Chorions gibt es normalerweise zwei kleine „Säckchen", die aus einer dünnen Membran (Amnion) bestehen. Jeder Embryo ist demnach von einem eigenen Amnion umgeben, was ihm von seinem Geschwister trennt. In einigen Fällen ist nur ein Amnion vorhanden, in dem beide Embryonen die Schwangerschaft gemeinsam überstehen (vgl. Bryan, 1994, S.19). Liegt eine monochoriote Plazenta mit nur einem Amnion vor, dann handelt es sich um eineiige Zwillinge. Ist eine frühe Teilung des Eies im frühen Stadium vorhanden, wo noch keine Plazenta ausgebildet ist, dann entwickeln sich zwei Plazenten mit jeweils einem Chorion und Amnion. Es wird in diesem Fall von einer dichorioten Plazenta gesprochen. Bei ein- und zweieiigen Zwillingen kann es zu einer Verschmelzung der Plazenten kommen, dieses Phänomen ist abhängig von der Einnistung der Embryonen in die Gebärmutterwand. Bei Verschmelzung bleiben Chorion und Amnion vorhanden. Es kann sich eine Trennmembran bilden. Diese Eihautdiagnose war indes nicht sehr zulässig, da in manchen Fällen zweieiige Zwillinge nur ein Chorion aufwiesen und damit als eineiige Zwillinge bezeichnet wurden (vgl. Lottig, 1931, S. 4; vgl. auch Bryan, 1994, S. 20).

Eine zweite Möglichkeit waren die Übereinstimmungen von zehn erblich modifizierten Eigenschaften, welche vorhanden sein mussten, um die Zwillinge als eineiig zu identifizieren. Auch diese Methode konnte nicht immer zuverlässig verwendet werden, da modifikatorische Einflüsse im Uterus zu Verschiedenheiten bei eineiigen Zwillingen führen können (vgl. Lottig 1931, S. 5). Ein deutlich sicherer Test war die Blutgruppenbestimmung der Zwillinge. Dafür wurde von jeder Nabelschnur Blut abgenommen und analysiert. Ergab der Test eine Übereinstimmung der Blutgruppen, galten die Zwillinge zu 90 % als eineiig (vgl. hier Burchardt 1999, S. 63). Die Blutgruppen konnten nur mit gleichen Erbanlagen identisch sein. Die DNA-Analyse (Fingerprint-Methode[21]) gilt als die sicherste (aber auch kostenintensivste) Variante zur Bestimmung der Eiigkeit. Mit Hilfe von molekularbiologischen Techniken wird das Erbgut der Zwillinge analysiert (vgl. Wagner 1996, S. 6; Eberhard-Metzger 1998, S. 20; Bryan, 1994, S. 20). Am einfachsten anzuwenden ist der „polysymptomatischen Ähnlichkeitsvergleich" nach Herman Werner Siemens (1924). Die folgenden morphologischen Merkmale werden seitdem untersucht: Augenfarbe, Lidspalte, Farbe, Form und Dichte der Augenbrauen und Augenwimpern, Haarfarbe, Haarform, Form des äußeren Ohres, Form der Lippen und Stellung der Zähne, Sommersprossen, Papillarleisten der Finger und Haut (Fingerabdruck). Liegen diese Werte recht nahe beieinander, kann von Eineiigkeit gesprochen werden. Sind bei den Merkmalen deutliche Unterschiede erkennbar, sind die Zwillinge zweieiig (vgl. Eberhard-Metzger, 1998, S. 20).

Es kann vorkommen, dass bei der Geburt ein Zwilling[22] etwas kleiner ist als der andere und demzufolge auch weniger wiegt. Schlieben-Troschke und Piontelli sprechen von „Verteilungsproblemen" im Mutterleib (Schlieben-Troschke, 1991, S. 58). Diese Tendenzen erstrecken sich auch auf die Zeit nach der Geburt (Piontelli, 2007, 174). Verhaltensunterschiede sind laut Piontelli (ebd.) dabei die Regel.

---

[21] *Begründer war das Team um Sir Alec John Jeffreys. Näheres unter http://www.cogbyte.de/project/Alec-John-Jeffreys-genetisch.2023.0.html (letzter Aufruf am 23.01.2017)*
[22] *Um den Lesefluss nicht zu behindern wird in den folgenden Abschnitten nur von Zwillingen und nicht explizit von Drillingen gesprochen. Es sind allerdings Zwillinge und Drillinge gemeint, da es zwischen der Entwicklung von Zwillingen und Drillingen keine gravierenden Unterschiede gibt. Eine Ausnahme ist nur, dass alle beschriebenen Aspekte noch stärker bei Drillingen ausgeprägt sind.*

Solcherart Differenzen der Größe und Gewicht werden meist spätestens bis zum vierten Lebensjahr (Größe) bzw. bis zum achten Lebensjahr (Gewicht) ausgeglichen sein. Bei eineiigen Zwillingen kommt es während der weiteren Entwicklung zu einer Angleichung im Körperbau. Eineiige Zwillinge haben auch dieselben Schübe (und Pausen) innerhalb ihrer körperlichen Entwicklung. Selbst die Pubertät beginnt innerhalb derselben Zeitspanne. Bei zweieiigen Zwillingen liegen in den meisten Fällen stärkere körperliche Unterschiede vor, sowie eine zeitversetzte Entwicklung. Dieses Ereignis ist während der Pubertät deutlich zu beobachten – insbesondere bei gemischten Zwillingspärchen. Die Mädchen entwickeln sich viel früher als die Jungen. In vielen Fällen führt die unterschiedliche Entwicklung dazu, dass der Junge als „kleiner Bruder" des Mädchens angesehen wird (vgl. Eberhard-Metzger, 1998, S. 45-46). Die Pubertät stellt bei eineiigen und zweieiigen Zwillingen die entscheidende Phase dar, sie bekommen die Chance sich körperlich voneinander zu unterscheiden und sich unabhängig voneinander zu entwickeln (vgl. Bryan, 1994, S. 74).

Psychologisches

Bisher lag der Fokus auf den biologischen Faktoren, die einen Zwilling ausmachen. Nun soll es um die Fragen gehen, welche physischen und psychisch-mentalen Eigenschaften des Menschen angeboren und welche erworben sind. Interessanterweise werden gerade hier eine Reihe von Ergebnissen der Zwillingsforschung aufgrund der Qualität einiger Untersuchungsmethoden immer wieder angezweifelt. Eine Hilfe und vermittelnde Brücke kann die neue Kindheitsforschung sein, die mit ihren kombinierten Methoden wichtige qualitative Resultate erbringen konnte (vgl. hier u.a. Rönz, 2007; Rönz, 2009; Akthari/Tükenmez, 2015; Ihde, 2016).

Die *geistige Entwicklung* verläuft bei Zwillingen allgemein wie bei anderen einzeln geborenen Kindern. Der einzige Unterschied scheint zu sein, dass die Zwillinge meist einen Vorsprung im sozialen Lernen aufweisen. Sie teilen bereitwilliger, spielen harmonischer miteinander und ergänzen sich bei der kreativen Arbeit, da sie immer ihren persönlichen Partner haben, mit dem sie alles teilen können und meist wollen (vgl. Rönz, 2009, S. 127). Intellektuell entwickeln sich die Zwillinge ähnlich anderen Kinder, wobei einzeln geborene Kinder oft mehr IQ-Punkte aufwiesen als Mehrlinge (vgl. Tjedvoll/Lingens, 2000, S. 173; Trautmann, 2016, S. 129). Dieses Phänomen kann eine Folge von Frühgeburten (niedriges Geburtsgewicht etc.) sein (vgl. Och, 1978, S. 10), aber auch eine Folge von begrenzter Aufmerksamkeit, da die Mehrlinge immer um die Aufmerksamkeit der Bezugspersonen kämpfen müssen (vgl. hier Bryan, 1994, S. 71). Bei Zwillingen kann es auch zu einer verspätet einsetzenden Intelligenzentwicklung kommen. In dem Fall sind sie auf Grund ihres „Daseins als Zwilling" stark voneinander abhängig und aufeinander fixiert. Aufgaben, die nur an einen Zwilling gerichtet sind, werden somit nicht immer selbständig und damit oft schlechter gelöst. Außerdem können sie sich nicht bei ihrem Geschwister rückversichern, was u.U. zu einer Verunsicherung der eigenen Gedanken führt (vgl. Züllig, 2012, S. 12).

Die allgemeine Intelligenzentwicklung hängt von vielen biotischen und abiotischen Faktoren ab: Häusliche Gegebenheiten, elterlicher Bildungsstand, finanzielle Verhältnisse, Ausmaß und Anregungsgehalt des sozialen Umgangs, Erziehungsstile und -verhalten der Eltern, Anzahl und Alter der Geschwister und genetische Anlagen sind nur einige davon. Alle wirken interdependent auf die Heranwachsenden ein und auf das Umfeld zurück (vgl. exemplarisch Brommer 2016, S. 90[23]). Zwillinge ohne ältere Geschwister erfahren offenbar weniger Anreize, da sie durch ihre Zweisam-

---

[23] *Jule Brommer zeichnet den Fall eines Schulanfängers nach und analysiert exzellent das ökologische Umfeld dieses speziellen Falles einer Transition „in Schule hinein".*

keit eher auf sich gestellt sind, als einzeln geborene Kinder. Diese werden häufiger von den Eltern zum Spielen angeregt, gerade weil sie „alleine" sind – Eltern scheinen vielfach allein und einsam synonym zu setzen. Indes ist die Entwicklung des Alleinspiels gerade im Vorschulalter eine wesentliche psychische Komponente für Entwicklung (vgl. hier Trautmann, 1997). Zwillinge regen sich darüber hinaus weniger zur individuellen Weiterentwicklung an, da sie sich meist auf einem gleichen Entwicklungsstand befinden, der die Zone der nächsten Entwicklung (vgl. Wygotski, 2002) nicht hinreichend aktiviert. Die Entwicklung der Intelligenz wird von der Erziehung und dem sozialen Lebensbereich interdependent beeinflusst. Sie scheint nicht vollständig angeboren, da die Vererbung und die Umwelteinflüsse nicht voneinander trennbar sind (vgl. Mischel, 2015). Durch Vererbung wird jedoch die Anzahl der Nervenzellen und die Gehirnstruktur bestimmt. Erst durch den Einfluss von Umwelten werden Eigenschaften wie die Intelligenz bestimmt (vgl. Züllig, 2012, S.13; Trautmann, 2016, S. 47). In diesem Zuge kann die geistige Entwicklung durch mangelnde Stimulationen oder Gelegenheiten, in denen selbstständiges Anziehen oder Essen nicht zugelassen werden, beeinträchtigt sein. Es kann durch die elterliche Sorge oder Überanstrengung zum Versäumnis von wichtigen Erfahrungen führen (vgl. Bryan, 1994, S. 56).

Eine Pittsburgher Studie Ende der 90 Jahre des vorigen Jahrhunderts bewertet den Einfluss der Gene in Zwillingsstudien[24] als überschätzt. Basierend auf Daten von 212 IQ-Studien seit 1927 proklamieren Devlin und seine Kollegen, dass die vorgeburtliche Umgebung zu 20 Prozent die Entwicklung der Intelligenz bestimme. Demnach koppelt sich zu den zwei

---

[24] *Genetische Dispositionen, die auf Basis der Zwillingsstudien untersucht wurden sowie molekulargenetischen Untersuchungen hingegen treten mehr und mehr ins Blickfeld der Forschung (vgl. Döpfner 2013, S. 161). Eine gute Übersicht auf der Basis von Tannock (1998) findet sich dort.*

Faktoren – Erbe und Umwelt[25] – mindestens ein dritter: die Bedingungen im Mutterleib. Damit wirft diese Studie (Devlin/Roeder, 1997, S. 468 ff.) den Blick auf einen von IQ-Forschern bislang vernachlässigten Aspekt: das Leben im Uterus. Verknappt ausgedrückt: Wer arm ist, bietet dem Kind schon im Mutterleib vielmals schlechte Startbedingungen. Wohlfahrtszahlungen abzuschaffen, wie es in den USA bereits praktiziert wird, hält er deshalb für töricht. Die Tendenz geht Richtung „Nature and Nurture" (Rosenbaum, 2007).

Bezüglich der Intelligenz sind im Zusammenhang mit dem so genannten Savantverhalten (vgl. Trautmann, 2016, S. 48) zwei Zwillingsbeispiele bekannt. Eine Abart der bei den Idiot savant stark einseitigen Rechenfertigkeit bildet eine so genannte Kalenderrechnerei, die bei geistig schwach veranlagten Rechenkünstlern verhältnismäßig häufig ist. Diese Fähigkeit äußert sich darin, dass zu einem genannten Datum binnen Sekunden der zugehörige Wochentag gesagt werden kann. Ein Beispiel dafür sind die 1940 in New York geborenen eineiigen Zwillingsbrüder Charles und George, die bei einem IQ von um die 60 als geistig Behinderte in einem Pflegeheim leben. Beide können kaum lesen und versagen schon bei allereinfachsten Rechenaufgaben. Andererseits haben sie die erwähnte Spezialbegabung. Auf die Frage, welcher Wochentag der 24. Juni im Jahre 2653 vor Christus war, antworteten sie in Sekundenschnelle, wohingegen sie eine Aufgabe wie 6 mal 4 in allergrößte Verlegenheit bringt[26].

Dem Neurologen Oliver Sacks (2006) verdanken wir die Beschreibung eines zweiten, ähnlich verblüffenden Phänomens. Letztlich ist uns allen mit Rain Man – dem US-amerikanischen Filmdrama von Barry Levinson aus dem Jahr 1988 – ein Savant medial in Erinnerung. Im Laufe des Streifens

---

[25] *In neueren Forschungen wird neben den Anlagen und Umwelten auch zunehmend das Selbst (Schore 2009) in den Fokus individueller Begabungsausprägung genommen (vgl. Trautmann, 2016, S. 70).*
[26] *Eine sehr gute Beschreibung bei Draaisma (2006).*

fiel einmal eine Streichholzschachtel zu Boden und blitzschnell erfasste Dustin Hoffmann (in seiner Rolle als Raymund Babbitt) die Anzahl an Hölzern und sagte diese Zahl. Grundlage ist Oliver Sacks Arbeit mit zwei debilen Zwillingen mit Namen John und Michael. John und Michael beherrschten keine der Grundrechenarten, konnten jedoch zu jedem beliebigen Datum, das man ihnen zurief, sofort den entsprechenden Wochentag nennen. Beide merkten sich auch Zahlen mit dreihundert Stellen auf Abruf. Einmal beobachtete Sacks, wie eine Streichholzschachtel zu Boden fiel und die Zwillinge sofort die Zahl 111 nannten. Tatsächlich handelte es sich um 111 Streichhölzer. John und Michael erklärten dem Neurologen, sie hätten das „gesehen" (vgl. Trautmann, 2016, S. 49 f.).

Die *sprachliche Entwicklung* ist ein weiterer wichtiger Prozess innerhalb der Zwillingsentwicklung und selbstredend mit der Ausprägung von Intelligenz eng verknüpft. Beobachtbar bei Zwillingen ist eine Unterentwicklung der Konsonanten und Wortendungen. Dies, so merkt Bryan an, kann mit motorischen Defiziten zusammenhängen (vgl. Bryan, 1994, S. 54). Diese Störung könnte in der permanenten Zweisamkeit begründet liegen. Einzeln geborene Kinder lernen die Sprache von ihren Eltern und (älteren) Geschwistern. Zwillinge beschäftigen sich häufig „nur" miteinander, wodurch sie auf kein als Vorbild dienendes Sprachmodell zurückgreifen können. Sie erhalten dadurch vielfach keine unmittelbare Richtigstellung der Aussprache. Resultierend daraus kann es zu einer Beeinträchtigung des erweiterten Wortschatzes führen. Diese „Zwillingssprache" entspricht jedoch eher dem eigenen Niveau, worin Forscher einen Grund für die oftmals verlangsamte Sprachentwicklung von Zwillingen sehen. In extremen Fällen käme es zu einer „Isolation des Paares [...], das [...] eine eigene Sprache (Geheimsprache) entwickelt, die kein Außenstehender versteht, und somit eine Barriere zum Umfeld aufgebaut wird" (vgl. Enzlberger, 2002, S. 56). Diese Geheimsprache wird auch „Kryptophrasie" genannt (vgl. hier Zazzo, 1986, S. 31). Zazzo misst den empirisch gefundenen so genannten „Paareffekten" eine große Bedeutung bei.

Ein weiterer Gesichtspunkt ist die verminderte Kommunikation von Zwillingseltern mit ihren Kindern. Der Grund dafür können die erhöhten organisatorischen Belastungen darstellen. Wenig vorhandene Zeit und fehlende Ruhe für sich selbst sowie die hohe Aufmerksamkeit, die sie ihren Kindern entgegenbringen müssen, erzeugen weniger intensive und individuelle Ansprachen (vgl. Eberhard-Metzger, 1998, S. 46). Zwillingseltern erklären weniger und benutzen meist kurze und einfache Sätze. Fragen und Antworten werden immer an beide Zwillinge gerichtet. Durch dieses Verhalten lernen Zwillinge rasch auf Fragen zu antworten, da sie immer als erstes gehört werden wollen (vgl. Züllig, 2012, S. 13 f.). Es kann durch diese Art der Kommunikation eine problematische Dreieckskombination entstehen, die als „triadisches Sprechen" bezeichnet wird. Es entsteht ein Gespräch aus drei Teilnehmern, wodurch die Konkurrenz zwischen den Kindern gefördert wird, da diese Kommunikation eine schnelle Reaktion auf eine Frage abverlangt. Die Antwort bleibt aber meist knapp (vgl. Lersch/Haugwitz, 2012)

Gravierende Sprachprobleme in der frühen Kindheit werden vorwiegend durch genetische Defekte verursacht und nicht durch mangelhafte Zuwendung der Eltern oder andere Umweltfaktoren. Das zeigt eine Studie aus Großbritannien. Robert Plomin und sein Team vom Psychiatrischen Institut in London und Kollegen aus Cambridge, Southampton und Seattle (USA) haben mehr als 3000 Geschwisterpaare untersucht, die 1994 in England und Wales geboren wurden. Die Forscher baten die Eltern, am zweiten Geburtstag ihrer Kinder einen Fragebogen auszufüllen. Darin sollten die Mutter und Väter angeben, welche Wörter die Kinder aus einer Liste mit 100 Begriffen bereits sprechen konnten. Die Sprachfähigkeit schwankt stark in diesem Alter. Während einige Zweijährige lediglich in der Lage sind, ein paar Silben auszusprechen, umfasst der Wortschatz anderer bereits einige hundert Begriffe. Durch ihre Studie wollte das Team um Plomin ermitteln, welchen Beitrag die Gene zur Sprachfähigkeit eines Menschen leisten. Die Resultate verblüfften: Wies der Wortschatz eines eineiigen Zwillings nur bis zu fünf Prozent der Vergleichsgruppe auf, betrug die Wahrscheinlichkeit 81 Prozent, dass sein Zwillingsbruder oder seine -schwester mit dem identischen Erbgut die gleichen Probleme mit dem Sprechen hatte. Für zweieiige Zwillinge des gleichen Geschlechts, die genetisch nicht näher miteinander verwandt sind als andere Geschwister auch, betrug diese Wahrscheinlichkeit dagegen nur 42 Prozent. Eine genauere Analyse, die auch diejenigen Zwillinge berücksichtigte, deren Wortschatz sich unmittelbar oberhalb der Fünfprozentmarke befand, bestätigte Plomins Ergebnis zusätzlich: Gravierende Sprachprobleme beim Nachwuchs haben in der Tat genetische Ursachen (vgl. Eley et al 1999, S. 1125 ff.).

Auch der oben angedeutete verbale Kontakt zur entwicklungsähnlichen Bezugsperson und Umwelt führt nicht selten zur Entwicklung dieser oben bereits angedeuteten eigenen Sprache (Kryptophrasie), die beide Zwillinge nur untereinander verwenden. Diese autonome Sprache ist variabel und abhängig vom Maß der Zurückgezogenheit und der Phantasie der Zwillinge. Letztendlich kann sie die sprachliche Entwicklung der Zwillinge verzögern (vgl. hier Züllig, 2012, S. 14). Eine „Zwillingssprache" (wie oben angedeutet) kann sich unterschiedlich ausprägen.

a. Kann eine undeutliche Aussprache einzelner Wörter, die nur von den Zwillingen verstanden werden kann, vorliegen.

b. Kann es zu einer Verfremdung der Wörter und ganzer Satzstrukturen kommen, wodurch

c. ein autarkes Sprachsystem mit eigenständigem Sprachgebäude entstehen kann.

Untersuchungen zufolge entwickeln 40% aller Zwillinge eine Eigensprache, die im Alter von dreieinhalb Jahren auftritt und häufiger bei eineiigen Zwillingen vorkommt (vgl. Tracy, 2008). Es gibt sogar Kinder, bei denen die Eigensprache als einzige Sprache ohne parallele Entwicklung der normalen Sprache entstand (vgl. Bryan, 1994, S. 56; vgl. auch Zimmer, 1993, S. 5). Eine interessante These unterbreite Karin von Schlieben-Troschke, die davon ausgeht, dass Zwillinge für die Befähigung der oben genannten Dreier-Kommunikation viel Zeit benötigen. Danach kann Zwillingen keine grundsätzlich mangelhaftere Sprach- und Kommunikationskompetenz attestiert werden, sondern sie erlernen lediglich *andere* Methoden des Sprechens, Zuhörens und Interpretierens (vgl. Schlieben-Troschke, 1981, S. 103, kursiv von mir TT).

Unterschiede beim Erlernen der Sprache können auch auftreten, wenn die Sprechinstrumente noch unterschiedliche Reifegrade aufweisen. Aus diesem Grund übernimmt der Zwilling mit der höheren Sprachentwicklung die Kommunikation mit der Umwelt innerhalb ihrer Gemeinschaft. Der sprachlich schwächere Zwilling überlässt dem sprachlich stärkeren Zwilling die sprachliche Dominanz innerhalb ihrer Beziehung. Dieses Phänomen tritt häufiger bei gemischten Zwillingspärchen auf (vgl. Züllig, 2012, S. 14). In einem Internetforum bringt der/die unbekannte Autor/in beispielhaft diesen komplexen Sachverhalt auf den Punkt.

„Das eine Kind bekommt mehr sprachliche Aufmerksamkeit als das andere. Jeder Elternteil spricht natürlich eher mit dem Kind, das selbst etwas gesagt oder gefragt hat. Das stillere Kind verlernt durch mangelnde Übung schon erworbene sprachliche Fähigkeiten. Sein Geschwister stellt ja bereits die richtigen Fragen und meistert somit, sprachlich gesehen, viele Situationen stellvertretend für den stilleren Zwilling mit. Verkündet z.B. das eine Kind, es habe Durst, stehen die Chancen gut, dass beide etwas zu trinken bekommen. Nur schon deshalb, weil die Mutter zwei Minuten später nicht schon wieder gefragt werden will." (Archiv 2014, S. 1)

Wenn wir „Sprache" weit fassen, lohnt sich ein Seitenblick in die Musikalität. Eine Methode, die Erblichkeit von Musikalität zu erforschen, bieten ebenfalls Studien an eineiigen Zwillingen, bei denen das genetische Potenzial identisch ist. Sie besitzen den Vorteil, dass Unterschiede in der Musikalität der Zwillinge eindeutig auf Umweltfaktoren oder Lernprozesse und nicht auf die Erblichkeit zurückzuführen sind. Die Psychologin Rosamund Shuter-Dyson präsentierte 1964 eine Studie, deren Ergebnisse jedoch sehr widersprüchlich waren. Einerseits erkannte sie große Ähnlichkeiten, die Vererbung vermuten ließen. Andererseits zeigten sich erhebliche Differenzen, die andere Einflüsse geschaffen haben könnten (vgl. 1982). Eine Auswertung der Untersuchung von Stephen G. Vandenberg (1962), bei der die Musikalität von ein- und zweieiigen Zwillingen verglichen wurde, ergab ebenfalls kein eindeutiges Resultat (vgl. hier de la Motte-Haber, 2002, S. 265 f.).

Exkurs: Emotionale Entwicklung

Der Eintritt in eine Gruppe verlangt sowohl Aspekte des Durchsetzens als Individuum als auch Anpassung an die anderen, um die Gruppenstruktur und
-interessen nicht zu gefährden. Da Zwillinge bereits eine Gruppe bilden, die in eine Gruppe – von Vorschulkindern oder im Prozess der Einschulung in eine Klassengemeinschaft – eintritt, haben wir es bereits hier mit einer eigentümlichen Dialektik zu tun. Sie findet zwischen den Polen des „sich selbst habens" und des „Offenseins für andere" statt. Sowohl Constanze Rönz (vgl. 2008, S. 41) als auch Burcu Tükenmez (vgl. 2015, S. 88) machen mehrfach darauf aufmerksam, dass die Zwillinge durchaus in einem Spannungsfeld zwischen innen (als Zwilling) und außen (zu den

Peers hin) agieren. Dieses muss immer wieder neu bestimmt und verteidigt werden.

Die soziale Identität definiert sich also durch Gruppenzugehörigkeiten, was zunehmend ein differenzierteres Selbstkonzept ermöglicht, da bei der Mitgliedschaft in einer Gruppe automatisch gegensätzliche Gruppen ausgeschlossen werden. Das kollektive Selbst beinhaltet die Selbstinterpretation als Gruppenmitglied als austauschbares und den anderen Beteiligten ähnliches Exemplar. Das individuelle Selbst dagegen bezeichnet die Sicht auf sich selbst als einzigartig. Beide Formen sind jedoch keine voneinander getrennten Bereiche, sondern situationsabhängig verschiebt sich die Interpretation der eigenen Person mal in Richtung des Kollektiven, mal mehr zum Individuellen hin (vgl. hier Martin, 2008). Ein sehr treffendes Beispiel berichtet Constanze Rönz bei ihren Gewährskindern:

„Wie sehr Merle und Marie, gerade wenn es darum geht, bei anderen Kindern zu spielen oder zu übernachten, noch immer aufeinander fixiert sind, zeigt sich, als im Februar ... beide bei Katharina aus ihrer Klasse übernachten sollten. Marie berichtet der Interviewerin, dass sie ja eigentlich dort habe bleiben wollen. Aber als Merle dann nach Hause wollte, hätte sie auch plötzlich nicht mehr dort schlafen wollen. Erst gegen Ende des ersten Schuljahres kommt es dazu, dass Marie erstmalig auch alleine zu jemand anderem zum Spielen geht."(Rönz, 2008, S. 94)

Joseph Echle (2007) macht in diesem Zusammenhang nicht nur auf die Existenz, sondern die Qualität der sozialen Beziehungen aufmerksam. Diese sei „[…] zwischen den Geschwistern […] außerordentlich wichtig und entscheidend im Aufbau von zwischenmenschlichen Beziehungen auf Geschwisterebene. Je optimaler [sic!] diese Beziehungen gegenseitig zum Tragen kommen, desto weniger geraten Zwillinge in Gefahr, sich auf sich selbst zurück zu besinnen und sich zurückzuziehen" [27]. Umgekehrt steigt diese Rückzugstendenz bei Zwillingen mit zunehmender Problematisierung des geschwisterlichen Zusammenlebens. Das bedeutet – sind die Zwillinge gegenseitig offen für neue soziale Erfahrungen, besteht wenig Anlass, dass sie nicht in der neuen Gruppe „ankommen". Diese These ist wesentlich für Überlegungen, die bei Christin Ihdes Beitrag in diesem Band verhandelt werden.

Wissenschaftler in den USA und Europa fanden bei Zwillingsforschungen zwar Hinweise auf eine mögliche genetische Beteiligung bei der Entstehung des Autismus. In den Studien blieben jedoch zahlreiche Fragen offen. So ist die Wahrscheinlichkeit, dass bei eineiigen Zwillingen beide Kinder autistisch sind, höher als bei zweieiigen Zwillingen. Auch existieren Studien, nach denen bei Jungen mit erhöhter Wahrscheinlichkeit Autismus auftreten kann, wenn die Mutter ein brüchiges X-Chromosom aufweist. Einige Faktoren sprechen jedoch dagegen, dass genetische Faktoren die wesentliche Grundlage für den Autismus sind: So sind bei eineiigen Zwillingen nicht immer beide Kinder betroffen, außerdem treten autistische Störungen bei vielen Kindern erst innerhalb der ersten 30 Lebensmonate auf (vgl. u.a. Mania, 2008).

Wo Emotionen sind, sind Verletzungen. Wo Verletzungen sind, ist Schmerz. Ist die Schmerzgrenze angeboren oder eher vererbt? Londoner Schmerzforscher gingen diesen Fragen in einer Studie mit mehr als 600 Zwillingspaaren nach (Mac Gregor et al 1997, S. 253-257). Das Resultat war eindeutig: Unsere Schmerzgrenze haben wir nicht vererbt bekommen, sondern vielmehr von unserer Familie durch Lernen am Modell erworben. Aber auch die Modalitäten, wie Familienmitglieder mit ihren Schmerzen

---

[27] Dorothy Burlingham (1949, S. 284) charakterisierte das Zwillingspaar an sich als „Gang". Sie bezeichnet unter psychoanalytischer Perspektive eine „Gang" als ein soziales Konstrukt, das durch das Fehlen jeglichen Interesses an etwas außer sich selbst charakterisiert ist.

umgehen, beeinflusst unsere eigene Wahrnehmung von Schmerz und letztlich unsere Fähigkeit, damit zurechtzukommen. Die Hälfte der untersuchten Zwillingspaare war eineiig und hatte somit identische Erbanlagen. Die andere Hälfte war zweieiig und folglich mit unterschiedlichen genetischen Anlagen ausgestattet. Alle Zwillingspaare waren gemeinsam in derselben familiären Umgebung bei ihren leiblichen Eltern aufgewachsen. Unter Laborbedingungen wurden die Testteilnehmer an einer Stelle der Stirn einem kontinuierlich zunehmenden Druck ausgesetzt. Sobald sie hierbei Schmerz verspürten, sollten sie sich bemerkbar machen. Es zeigte sich, dass in allen Fällen jeweils beide Zwillinge eines Paares eine ähnliche Belastung aushielten, bevor sie diese als Schmerzen empfanden. Und das galt sowohl für die eineiigen wie für die zweieiigen Zwillinge. Somit scheidet die genetische Ähnlichkeit als Grund für das gleiche Schmerzempfinden aus (vgl. hier auch Malkin, 2014).

Biologische Modelle erklären generell Störungen im Verhalten oder den Emotionen auf der Grundlage organischer sowie neurobiologischer Faktoren (vgl. Hillenbrand 2008; Petermann/Petermann 2015; Petermann/Koglin 2015). Neuere Forschungen aus Zwillings- und Adoptionsstudien belegen, dass genetische und neurobiologische Faktoren auch Einfluss auf die Entwicklung einer Verhaltensstörung nehmen können (vgl. hier Fingerle, 2008; Gasteiger-Klicpera/Klicpera, 2008). Petermann und Koglin ergänzen in Anlehnung an Burt, dass für aggressives Verhalten eine mittlere bis hohe Erblichkeitsrate festgestellt wurde. Offen-direkte Aggression unterliegt dabei häufiger einem genetischen Einfluss als indirekt-aggressives Verhalten (vgl. Burt, 2009, zit. nach Petermann/Koglin 2015).

Abschließend sei noch ein Blick geworfen auf eingeschränkte oder geschädigte Zwillinge und ihre sozial-emotionalen Befindlichkeiten. Dieser Fall tritt häufiger ein als bei einzeln geborenen Geschwisterkindern. Ein Grund dafür ist die bereits benannte hohe Frühgeburtenrate, die ein Behinderungsrisiko mit sich bringt. Syndrome wie die fetofetale Bluttransfusion sind nur bei eineiigen Zwillingen möglich, da Blut von einem Fötus zum anderen Fötus fließt, wodurch das unterversorgte Kind unter Anämie und Unterernährung leiden kann. Ein zusätzliches Risiko besteht für den zweitgeborenen Zwilling, eine Gehirnschädigung aufgrund von Sauerstoffmangel davonzutragen. Aufgrund bestehender Vergleichswerte, etwa durch das Geschwisterkind, können solche Entwicklungsdefizite häufig frühzeitig entdeckt werden. Des Öfteren treten auch genetisch bedingte Schädigungen wie Mukoviszidose, chromosomale Abnormitäten, Down-Syndrom oder Spina bifida auf. Nur in den seltensten Fällen sind beide Zwillinge von einer Behinderung betroffen (vgl. Bryan, 1994, S. 82-83).

Wenn der gesunde Zwilling den Zwilling mit Einschränkungen nachahmt, fällt er u.U. in seiner Entwicklung zurück[28]. Es kann sich Eifersucht und Wut bei dem Kind ohne Beeinträchtigungen zeigen. Auch der Wille nach größerer Aufmerksamkeit durch die elterliche Bezugsperson, aber auch Pflegeinteresse wurde beobachtet (vgl. Knoke, 2015, S. 55 f.). Vom sozialen Nahraum ist es hochgradig abhängig, ob derartige Verhaltensweisen offen kommuniziert (und somit ggf. geklärt) werden oder nicht. Letzteren Falls kann es zu durchaus massiven Verhaltensstörungen kommen. Das gemeinsame Leben der Zwillinge stellt eine permanente Belastung für beide dar, da sie täglich sehen, was aus ihnen hätte werden können, wenn die Leben vertauscht gewesen wären. Andererseits besitzt der mit Einschränkungen lebende Zwilling ein permanentes Vorbild, welches ihn anspornt und ermutigt (vgl. Knoke, 2015, S. 60). Das beeinträchtigte Zwillingskind wird weniger isoliert aufwachsen als einzeln geborene beeinträchtigte Kinder und der nicht beeinträchtigte Zwilling wird Mitgefühl, Solidarität und Sensibilität für Schwächere entwickeln (vgl. Bryan, 1994, 84 ff.).

---

[28] Das „survivor syndrome" löst bei dem nicht beeinträchtigten Zwilling Schuldgefühle aus.

Dynamisches

Sandrine Clodius (vgl. 2005, S. 1) merkt an, dass die Zwillingskonstellation nicht von vornherein als problematisch anzusehen ist. Daher zeichnet das folgende Kapitel einige Zwillingsdynamiken[29] nach. Diese fußen auf bestimmten Verhaltensweisen innerhalb einer Zwillingsbeziehung und besitzen höchst unterschiedliche Bedeutung für verschiedene Lebenssituationen. Diese (teils antinomischen) Spannungsfelder entstehen, weil gerade eineiige Zwillinge, die rein optisch als „Dividuen", als Geteilte, als doppeltes Individuum, als doppeltes Selbst usw. ... erscheinen und somit die [Einzigartigkeit] des Menschen in Frage stellen (vgl. Frey, 2006, S. 15.). Der Blickwinkel ist hier bereits auf den Fokus Gruppe und Institution (Schule) gelegt und somit nur ein Ausschnitt.

a. Isolation

Innerhalb einer sich neu bildenden Gruppe (z.B. einer Klassengemeinschaft am Schulbeginn) gehen einzeln Geborene auf einen oder mehrere Mitschüler zu. Sie wollen sich ihren Platz in der Gemeinschaft sichern und soziale Kontakte knüpfen (vgl. Brommer/Trautmann, 2016, S. 20). Es lernt Bedürfnisse anderer Kinder wahrzunehmen und Freundschaften zu schließen[30]. Gleichzeitig überprüft das Kind die Möglichkeiten, seinen Status in der Gruppe zu verbessern (vgl. hier Brommer, 2016, S. 159). Dagegen haben Zwillinge weniger große Bedürfnisse, sich anderen anzuschließen, sich um andere zu kümmern und/oder Freundschaften zu bilden, da sie ihren Zwillingspartner bei sich haben und von diesem die gewünschte Zuwen-

---

[29] Mit Zwillingsdynamiken sind auch Drillingsdynamiken gemeint, wenn letztere strukturell nicht außergewöhnliche Abweichungen aufweisen.
[30] In diesem Zusammenhang wird beobachtet, ob und wie (stark) die Kontakt- bzw. Gruppenfähigkeit bei diesen Kindern ausgeprägt ist. Diesbezüglich wird auf folgende Fragen eingegangen: „Auf welche Weise nimmt das Kind Kontakt auf? Geht es freundlich und ungezwungen auf andere zu, redet und spielt es mit ihnen [...]?" (Weigert/Weigert, 1997, S. 24).

dung erhalten (vgl. Züllig, 2012, S. 22). Durch Verfestigung dieses Verhaltens kann schleichend eine Isolation der Zwillinge innerhalb eines Klassengefüges stattfinden. Es existieren dann einerseits „die Klasse" und „die Zwillinge" separat und frei flottierend nebeneinander[31]. Zwillinge, so konstatiert Züllig (2007, S. 28), die gemeinsam in eine Klasse gehen, haben weniger Eingewöhnungsschwierigkeiten. Sie finden am Geschwister Halt und Sicherheit. Dass diese Isolation hierdurch tatsächlich produktiv aufgebrochen werden kann, zeigt die Untersuchung von Constanze Rönz (2008, S. 123).

Andererseits hat der gemeinsame Schulbesuch den beiden gerade in der Anfangszeit sehr viel Stabilität gegeben. Jede hat von der Anwesenheit der Schwester profitiert. Eine Isolation der Zwillinge, wie sie häufig in der Literatur beschrieben wird, hat nicht stattgefunden. Das Gespür der Lehrer, den Gewährspersonen, beispielsweise aufgrund von zeitweiligen Aufteilungen in Kleingruppen, auch individuelle Erfahrungen zu ermöglichen, hat mit Sicherheit zum Gelingen des Ablösungsprozesses der Schwestern voneinander beigetragen. Aber auch Maries Initiative, in den Pausen häufiger etwas ohne die Schwester unternehmen zu wollen, hat diesen Prozess unterstützt. Da Merle damit keine großen Schwierigkeiten zu haben schien, führte auch dieses nicht zu Konflikten. Beide Kinder sind trotz der Anwesenheit der Schwester sehr gut dazu in der Lage, sich auf eigene Dinge zu konzentrieren, ohne ein ständiges Bedürfnis zu haben, herauszufinden, was die Schwester gerade tut[32].

---

[31] *Jule Brommer macht in einem eindrücklichen Beispiel darauf aufmerksam, dass Isolationismus auch bei Einzelkindern auftreten kann (vgl. Brommer 2016, S. 130)*
[32] *Constanze Rönz hatte in ihrer Langzeitbegleitung, abgesehen von den ersten Wochen in der Schule, nie das Gefühl, dass die Gewährspersonen sich gegenseitig kontrollieren oder gar in ihren Lernleistungen hemmen würden. Das Vorurteil, dass „[...] Zwillinge [...] nicht immer imstande [seien], unabhängig von einander zu arbeiten und zu spielen, [sich] oft aneinander [messen], [...] sich gegenseitig über die Schultern [schauen] und versuchen, die Aufmerksamkeit, Zustimmung oder Ablehnung des anderen Zwillings zu gewinnen [...]" (Züllig, 2012, S. 21), bestätigte sich in diesem Fall nicht (vgl. Rönz, 2008, S. 123).*

Auch Akthari/Tükenmez betonen, solche Isolationstendenzen bei ihren beiden Gewährszwillingen nicht festgestellt zu haben, obwohl die Jungen in parallele Klassen eingeschult wurden (vgl. 2015, S. 103).

b. Abhängigkeit

Biographie wird allgemein als „[...] eine Folge von Herausforderungen durch kritische Lebensereignisse und deren Bewältigung und Verarbeitung [...]" verstanden (Schulze 2006, S. 23). Wie aber treffen jene lebensweltlichen Herausforderungen auf Zwillinge und wie verarbeitet jeder von ihnen diese? Geschieht die Verarbeitung kollektiv, synchron oder interdependent? Diese gegenseitige Abhängigkeit der Zwillinge ist damit ein besonders interessanter Aspekt der Zwillingsdynamik. Zwillinge sind nicht immer in der Lage, unabhängig voneinander zu spielen, zu lernen oder zu arbeiten. Ein Szenario ist die Permanenz gegenseitigen Vergleichens oder/und des sich Miteinander-Messens[33]. Constanze Rönz konstatiert in ihrer Zwillingsbegleitstudie ein eher moderates Abhängigkeitsverhältnis in der Schuleingangsphase. Die Erstgeborene vertraut danach stärker auf ihre Fähigkeiten.

„Marie resigniert nicht, sondern nimmt die eigenen Fehler als persönliche Herausforderung an, wobei sie einen starken Ehrgeiz erkennen lässt und einen hohen Anspruch an die eigene Leistung stellt, was durch die Bewertung ihres eigenen Denkfehlers als einen wirklich dummen Fehler deutlich wird. Merles Fähigkeitsselbstkonzept stellt sich anders dar, als das ihrer Schwester. In den Gesprächen gab sie insgesamt viel weniger über ihre eigenen Fähigkeiten Auskunft als Marie. Sie berichtete eher auf Nachfragen darüber, und es fiel ihr generell schwer, die eigenen Leistungen und

---

[33] *Karin Schlieben-Troschke (vgl. 1981, S. 54) spricht vom „Zwillingsstereotyp". Danach werden eineiige Zwillinge nach einer „Gleichheitsschablone" behandelt. Ihre Entfaltungsmöglichkeiten sind eingeschränkter als bei Geschwisterkindern. Dieser Stereotyp sorgt u.a. dafür, dass eineiigen Zwillingen nicht nur körperliche Ähnlichkeit zugeschrieben wird, sondern auch geistige Gleichheit.*

Fähigkeiten einzuschätzen und in Beziehung zu denen anderer Kindern oder ihrer Schwester zu setzen." (Rönz 2008, S. 120)

Dem anderen Zwilling bei seinem Spiel oder der Arbeit zuzuschauen und gar zu versuchen, die Aufmerksamkeit und Zustimmung des Geschwisters[34] zu erhalten, ist ein weiterer Indikator einer Abhängigkeit (vgl. Züllig, 2012, S. 23). Diba Akthari und Burcu Tükenmez beschreiben in ihrer Feldstudie das weitgehende Fehlen solcher Abhängigkeiten bei ihren männlichen Gewährszwillingen. Sie vermuten, dass die individuellen Entwicklungsschübe und die Autonomisierung auf die Beschulung in Parallelklassen substanziell zurück zu führen ist (Akthari/Tükenmez, 2015, S. 105). Von ähnlichen Autonomiebestrebungen berichtet auch Rönz:

„In Bezug auf das Vergleichen untereinander hat die Untersuchungsleiterin festgestellt, dass Vergleiche nur ganz selten direkt in der Kommunikation mit der Schwester vorgenommen werden. Die Untersuchungsleiterin hat es nie miterlebt, dass sich ein Mädchen gegenüber dem anderen mit eigenen Leistungen oder Fähigkeiten profiliert hätte. Nur wenn explizit danach gefragt wurde, stellten die Zwillinge fest, wer etwas besser kann. Seit dem Beginn der Schulzeit kristallisierten sich erstmals individuelle Interessen heraus. So möchte Marie beispielsweise gerne Klavier spielen lernen, während Merle lieber – wie ihre Großmutter – Mandoline spielen möchte." (Rönz, 2008, S. 97)

Bryan (vgl. 1994, S. 63) berichtet von einer besonderen Abhängigkeits-Dynamik als einer besonderen Art der Kommunikation, indem der dominantere Zwilling häufig das Reden für sein Geschwister übernimmt. Dieses Phänomen tritt meistens bei unterschiedlichen Entwicklungsstadien und gehäuft bei Pärchen auf, wenn das Mädchen psychisch und physisch weiter

---

[34] Walter Sauer erwähnt die Möglichkeit, dass sie im Nebeneinander mit demselben Spiel spielen, nur um über nonverbale und kaum sichtbare Zeichen eine Reaktion von dem anderen Zwilling zu bekommen, (vgl. 1973, S. 107). Für das Bauspiel wird das von Olga Traut bestätigt (vgl. Traut, 2011, S. 110).

entwickelt ist als der Junge. Hierbei kann es zu einer „Bemutterung" des Jungen kommen, wodurch seine Entwicklung nachhaltig beeinträchtigt wird. Schave und Ciriello (1983, S. 67) nennen diese Abhängigkeit „Einheitsidentität". Danach können beide „Ichs" als ein gemeinsames Ich funktionieren.

c. Fehlende Eigenverantwortung

Bereits im Kindergarten oder später in der Schule fordern Erzieher/innen und Lehrer/innen mehr Eigenverantwortung von den Zwillingen (vgl. hier Lersch/Haugwitz, 2012). Die Erzieher wollen damit erreichen, dass die Kinder sich zunehmend auf sich selbst verlassen und nicht auf ihr Geschwister. Die Verantwortung für sich zu tragen, beeinflusst das Selbstbewusstsein von jedem Einzelnen und ist damit die wichtigste Komponente für die Entwicklung zur Eigenständigkeit (vgl. Sauer, 1973, S. 118).

Da sich der Prozess der Identitätsentwicklung von Zwillingen deutlich von dem der Einlinge unterscheidet (vgl. hier Watzlawick, 2008, S. 81) ist durch die gemeinsame Kindheitsbindung sowohl eine Stütz- und Hilfefunktion untereinander denkbar wie die damit einher gehenden Prozesse des gegenseitigen Verlassens „auf den anderen". Haberkorn (1996, S. 119) nennt dies das Fühlen „als die Hälfte eines Ganzen und nicht als Ganzes selbst". Damit wird die Verantwortung für das Selbst und das Ich gleichermaßen gehemmt. Zwillinge tragen somit ihre Verantwortung nahezu immer zusammen oder einer fühlt sich für den anderen verantwortlich, sodass nur ein Kind alle Aufgaben und Denkprozesse für das andere übernimmt. Auch in diesem Fall kann es zur Beeinträchtigung der Entwicklung kommen (vgl. Züllig, 2012, S. 24).

d. Gegenseitige Beeinflussung

In vielen Fällen haben Zwillinge unterschiedliche Fähigkeiten und Neigungen, die durch ihre gegenseitige Beeinflussung nicht immer entdeckt oder gefördert werden können. Beide Feldstudien aus unserem Institut konnten diese These nicht bestätigen. Im Gegenteil – Constanze Rönz resümiert eine zunehmende „verbundene Autonomie" ihres weiblichen Pärchens in den Lebenswelten Schule und peers.

„Die besondere Nähe der Gewährspersonen zueinander schien sich in natürlicher Weise auf das Selbstkonzept der Gewährspersonen auszuwirken. Immer wieder wurde deutlich, dass Merle eher diejenige ist, die auf die Stabilität der harmonischen Beziehung zueinander achtet. Sie steckt eher zurück und akzeptiert die Erfolge der Schwester. Dennoch schafft sie es, ein grundsätzlich positives Selbstkonzept beizubehalten. Marie hingegen hat es anscheinend aufgrund ihrer Anpassungsfähigkeit in dieser Phase leichter, ihr positives Selbstkonzept immer weiter zu stärken. Es scheint, als würde es ihr besser gelingen, die eigenen Fähigkeiten zu erkennen und zu nutzen. Merles und Maries Schwesternidentität könnte aufgrund der Ergebnisse dieser Untersuchung im Sinne von Schave und Ciriello (1993, S. 64 f.) als ‚Identität mit wechselseitiger Abhängigkeit' beschrieben werden, da weder bei Merle noch bei Marie besondere Ambivalenzen gegenüber der Schwester erkennbar sind." (Rönz, 2008, S. 160)

Damit kann im Einzelfall – etwa bei kompatibler Schulwahl oder/und lebensweltlichem Wohlbefinden nicht davon ausgegangen werden, dass bei Zwillingen „[…] die eigenen Bedürfnisse und Stärken immer zu kurz [...]" kommen und sie „[…] sich einander unterordnen [...]" (Schulz, 2013, S. 33; vgl. ebenfalls Züllig, 2012, S. 25). In einigen Fällen kommt es zur Unzufriedenheit des unterordnenden Zwillings, wenn immer nur die Stärken des dominanten Zwillings angesprochen werden. Es kann eine Frustration und Lustlosigkeit die Folge sein, bis die Vorlieben des unterordnenden Zwillings entdeckt und gefördert werden, sodass es zu keiner gegenseitigen Behinderung mehr kommt. Burcu Tükenmez (2015, S. 105 f.) glaubt in ihrer Begleitstudie, eine solch partielle Unzufriedenheit bei ihrem Gewährskind – dem zweitgeborenen Zwillingsjungen – erkennen zu können.

Sowohl im Paaridentitätsbogen als auch in der Geheimniszettel-Analyse schreibt M. etliche Geheimnisse auf, die sein Zwillingsbruder nicht wisse, stellt aber gleichzeitig seine Nachteile in Gesundheit und sportlichem Können vor.

e. Privatsphäre

Im Leben eines Zwillings sind die Momente der Ruhe und des Alleinseins seltener als bei Einlingen. Diese These ist sowohl ein Aspekt der gegenseitigen Beeinflussung als auch der Domäne des Privaten. Zwillinge animieren sich gegenseitig zur Erforschung ihrer Um- und Lebenswelten. Aus psychologischer Sicht ist aber die Möglichkeit des Alleinseins ein wesentlicher Schritt für die eigene Persönlichkeitsentwicklung (vgl. Winnicott, 2006). Bryan (1994) gibt zu bedenken, dass der Gewinn von Selbstbewusstsein und Selbstbestimmung nicht erreicht werden kann, wenn ein Mensch immer nach dem Willen eines anderen agieren soll und nach dessen Ansprüchen handelt (vgl. ebd., S. 57).

In ihrer eindrücklichen Studie misst Constanze Rönz bei ihren Gewährskindern auch die Unterrichtsaktivität in der Schuleingangsphase (vgl. hier Trautmann, 2008, S. 22 f.) Sie stellt erstaunt fest, dass die Zwillinge ihre Aufgaben in sehr privaten Kontexten lösen.

"Bei beiden Gewährspersonen überwiegt auch in diesem Lernblock wieder sehr deutlich der Anteil der positiven Arbeitsaktivität. Wie bei allen Aktivitätsmessungen ist der Anteil der positiven Arbeitsaktivität, in der Merle und Marie für sich alleine arbeiten, besonders hoch" (Rönz 2008, S. 109).

Für Zwillinge ist es schwer, eigenständige Entscheidungen zu treffen. Sie wollen für ihr Geschwister mitentscheiden und wägen ab, ob ihm bzw. ihr das „so" gefallen könnte oder nicht. Dadurch kommt es zu einer permanenten gegenseitigen Beobachtung beider Zwillingskinder und zu einer Ablenkung der eigenen Arbeitsphase. Solche Tendenzen entdeckten auch

Akthari/Tükenmez in der familialen Lebenswelt. Durch den Umstand, dass beide Kinder in verschiedene Klassen eingeschult wurden, konnte sich jeder der beiden im Spannungsfeld zwischen Peer-Interaktionen und privatem Rückzug frei entfalten (vgl. Akthari/Tükenmez 2015, S. 104 f.).

Diese stetige Beziehung zueinander ist eine andere Basis, die wenig Ruhe schafft, eigene individuelle Bedürfnisse und positive Aspekte des Alleinseins zu entdecken. In vielen Zwillingsfamilien teilen sich die Zwillinge zudem ein gemeinsames Zimmer, kommunizieren permanent und ernähren sich gemeinsam. Sie haben somt einen ständigen Begleiter für ihr Leben. Nahezu immer wird das Geschwister als Freund und manchmal als Rivale angesehen. Auf psychische Folgen des Fehlens von Privatsphäre und innerer Ruhe macht Claudia Eberhard-Metzger aufmerksam (vgl. 1998, S. 50 f.). Gleichzeitig leben Zwillinge immer auch in einer Hierarchie. Von Bracken vermutete bereits 1936, dass für gewöhnlich ein „stilles Abkommen" zwischen Zwillingen geschlossen wird, etwa wer das Paar nach außen hin vertritt und wer mehr für die moralischen und gefühlsmäßigen Belange des Paares zuständig ist[35] (vgl. ebd., 1936, S. 99). Demzufolge lässt sich eine innere Ordnung feststellen und zwar im Sinne einer hierarchisierten Arbeitsverteilung.

f. Konkurrenzverhalten

Zunächst: Ein Zwilling muss sehr früh lernen, eine Beziehung mit dem Partner zu knüpfen. Einzelkinder lernen dies erst im Kindergarten (vgl. Schlieben-Troschke, 1981, S. 61). Eine Zwillingsbeziehung bringt zweifellos auch „natürliche" Konkurrenz mit sich, welche durch gegenseitiges Animieren und Anfeuern noch mehr verstärkt wird. In den meisten Fällen

---

[35] *Marianne Enzlberger (2002) verwendet den Begriff „Paaruniformisierung" in jenem Sinne, dass sie ebenfalls von einer Art Abstimmung ausgeht. Das heißt, Zwillinge stimmen alle Dinge die sie tun miteinander ab; sie passen sich an den anderen an und empfinden solidarische Gefühle füreinander (vgl. 2002, S. 91).*

liegt das Hauptinteresse darin, mit dem anderen mitzuhalten oder ihn zu übertreffen (vgl. Züllig, 2012, S. 26). Schave und Ciriello (1983, S. 67) beschreiben dieses Beziehungsmuster als Konkurrenz-Identität: Es besteht danach eine ständige Konkurrenz zwischen den Zwillingen, wobei klare „Ich-Grenzen" gesetzt werden, aber dennoch eine nahe und lang anhaltende Bindung der beiden entsteht. Eine sehr authentisch wirkende Interpretation skizziert Rönz:

„Marie hingegen erzielt im Leistungsbereich während des Untersuchungszeitraumes zunehmend Erfolgserlebnisse. So entwickelt sie beispielsweise Ende des Jahres ... beim Erlernen der Schreibschrift einen solchen Arbeitseifer, dass sie schnell alle anderen in diesem Bereich überholt. Sie ist sehr stolz auf ihre Leistung und arbeitet in dieser Zeit auch in den Freiarbeitsphasen oder Wunschzeiten kontinuierlich daran weiter. Auch Merle weiß, dass ihre Schwester im Schreibschriftschreiben sehr viel weiter ist als sie. Es machte sie zwar etwas traurig, dass sie das nicht so gut kann wie ihre Schwester, aber sie äußerte nie Gefühle der Eifersucht oder des Neides gegenüber der Schwester." (2008, S. 115)

Es lässt sich festhalten, dass trotz des durchaus auch vorhandenen unterschwelligen Konkurrenzdruckes, der aufgrund der Anwesenheit der Schwester in der gleichen Klasse gegeben ist, Vergleiche zwischen den Gewährskindern Merle und Marie kaum offen ausgetragen werden. Rönz konstatiert in diesem Kontext: „Zwar sind sich beide der Stärken der Anderen bewusst, aber zwischen ihnen bestehen keine offensichtlichen Spannungen aufgrund von Leistungsunterschieden." (Rönz 2008, S. 115)

Diese Art von Zwillingsdynamik kann – im Gegensatz zu diesem Exempel – sehr schnell zu Problemen führen, wenn in einem Gebiet das schwächere Kind vom stärkeren unterdrückt wird und die Lust an dieser Tätigkeit verloren geht (vgl. Bryan, 1994, S. 66; auch Sauer, 1973, S. 104). Allerdings muss darauf hingewiesen werden, dass „[...] [es] vielfach nicht offensichtlich [ist], wie sehr sich Zwillinge gegenseitig behindern, hintereinander verstecken oder sich durch abwartendes Verhalten von der Gruppe isolieren und ein verdecktes Konkurrenzverhalten aufbauen" (Züllig, 2012, S. 20).

Selbstverständlich können einige Zwillinge auch von ihrem Konkurrenzkampf profitieren. Im besten Fall liefert er ihnen einen konstanten gegenseitigen Ansporn zu Leistungen, was jedoch nur bei Zwillingen mit ähnlichen Fähigkeiten möglich ist[36].

g. Abgrenzung

Viele Zwillinge, gerade die eineiigen Zwillinge, können unter der zu engen Bindung zueinander leiden. Es kann sein, dass sie sich zu starken Rivalen um die Aufmerksamkeit und Zuneigung der Bezugspersonen entwickeln. Sie versuchen, sich mit aller Kraft von ihrem Geschwister abzugrenzen. Schave und Ciriello (1983, S. 67) nennen dieses Beziehungsmuster[37] Spaltungsidentität: Beide Zwillinge haben entgegengesetzte Selbstbilder und es kommt im Extrem zu einer Zuschreibung des „guten" und des „bösen" Zwillings. Constanze Rönz verdanken wir wiederum ein Beispiel hoch subtiler Art.

„Die Beziehung der Gewährspersonen zu Sophie (einer Klassenkameradin der Zwillinge Merle und Marie, TT) bleibt während der Untersuchungsphase zwar freundschaftlich, behält aber die anfängliche Intensität nicht bei. Dies mag damit zusammenhängen, dass Sophie sich im Laufe des ersten Schuljahres mit zwei weiteren Mädchen – Dorothea und Feline – zu einer starken Mädchengruppe zusammenfindet. Andere Mädchen haben es

---

[36] Beispiele sind die Begründer des Miniatur-Wunderlandes in Hamburg, die Zwillinge Frederik und Gerrit Braun oder die Autoren der ersten Ausgabendes Guiness-Buchs der Rekorde, die Zwillinge Ross und Norris McWhirter.
[37] Schave und Ciriello leiten insgesamt sechs verschiedene und typische „Identitätsmuster" zwischen Zwillingen ab.

schwer, mit ihnen zu spielen, weil sie sich immer wieder abschotten. Die aktive Abgrenzung der drei Mädchen wird insbesondere im Zusammenhang mit einem Mädchen namens Laura immer wieder in Klassenkonferenzen problematisiert. Auch Merle und Marie finden in dieser Phase keinen rechten Zugang zu den drei Mädchen. Gegen Ende des ersten Halbjahres verändert sich die Situation. Zwischen Feline und Sophie entsteht ein Konkurrenzkampf um Dorotheas Anerkennung. Marie gewinnt in dieser Phase immer mehr Aufmerksamkeit von Bastian, einem sehr beliebten Jungen. Aufgrund ihrer kommunikativen Art und ihrer Beziehung zu Bastian, wird sie auch für Dorothea und die anderen Mädchen als Spielpartnerin attraktiver. Neben Marie findet außerdem Katharina, ein zuvor eher ruhigeres und unauffälliges Mädchen Anschluss an die starke Mädchengruppe. Merle wird von allen akzeptiert und gerne gemocht, erhält aber nicht den Stellenwert der Schwester innerhalb dieser Mädchengruppe." (Rönz 2008, S. 133)

Diese Konstellation kann – wiederum im Extremfall – dazu führen, dass Unsinn angestellt wird, sich Ängste entwickeln oder – etwa durch aggressives Verhalten – andere in Angst versetzt werden. Abgrenzungen sind genderbezogen. Sie können sich durch eine extrem weibliche oder männliche Art und Weise der Abgrenzung zeigen (vgl. Züllig, 2012, S. 27). Abgrenzung geht letztlich auch mit dem „Spielen mit und um Macht" einher. Für Kinder bedeutet das konkret, eigene Machtspiele zu kreieren. Diese Machtspiele sind „[...] auf Konkurrenz angelegt und schaffen bzw. unterstützen somit die Hierarchisierung der Gruppe[...]" (Schneider 2003, S. 151)und damit letztlich auch die der beiden Zwillinge.

h. gegenseitiger Vergleich[38]

Der Wissenschaft zufolge sollen im besten Fall die Zwillinge als gleichzeitig geborene Geschwister mit gleichen Rechten und Pflichten angesehen werden. Zwillinge sind zwei verschiedene Menschen, von denen keine gleichen Leistungen erwartet werden sollen. Barbara Schave und Janet Ciriello (1983, S. 67) beschreiben ein solches Beziehungsmuster als Geschwister-Identität: Die Zwillinge sind vollkommen unabhängig und besitzen ein hohes Maß an Individualität. Es bestehen ganz klare „Ich-Grenzen", genau wie bei anderen Geschwistern. Solche Entwicklungen können elterlicherseits unterstützt werden, indem beide Elternteile Wert darauf legen, dass sich die Zwillinge so wenig wie möglich miteinander vergleichen und sie in ihren individuellen Erfolgserlebnissen unterstützen (vgl. hier Rönz, 2008, S. 79). In Bezug auf das Vergleichen untereinander hat Rönz in knapp zwei Jahren Untersuchungszeitraum festgestellt, dass Vergleiche nur ganz selten direkt in der Kommunikation mit der Schwester vorgenommen wurden. Nie wurde miterlebt, dass sich ein Mädchen gegenüber dem anderen mit eigenen Leistungen oder Fähigkeiten profiliert hätte. Nur wenn explizit danach gefragt wurde, stellten die Zwillinge fest, wer etwas besser kann (vgl. Rönz, 2008, S. 97).

Nahezu einhellig wird in der Literatur vorgeschlagen, einen Vergleich zwischen den Kindern sowohl zu Hause, als auch in der Schule zu vermeiden bzw. zu unterbinden, um die bereits bestehende Rivalität nicht zu fördern (vgl. Boltz, 1954, S. 53). Tonja Züllig (vgl. 2012, S. 29) merkt an, dass einige Lehrpersonen Vorurteile in Bezug auf die Beschulung von Zwillingen haben oder/und dafür nicht ausreichend ausgebildet sind, sodass sie automatisch zum Vergleich neigen. Tatsächlich fehlen in einer Reihe von Stan-

---

[38] *Spätestens mit der Einschulung (meist schon im Kindergarten) treffen Kinder auf Gleichaltrige und erfahren somit auch etwas über sich selbst: „Wie stark sie sind. Wie hübsch. Wie schnell. Wie schlau. Sie erfahren es, indem sie sich mit anderen vergleichen, die zur selben sozialen Kategorie gehören wie sie" (Rich Harris, 2002, S. 273).*

dardwerken zur Didaktik des Anfangsunterrichtes sämtlich Hinweise auf die besondere didaktische Situation von Zwillingen (vgl. u.a. Einsiedler et al. 2005; Einsiedler et al. 2014).[39] Was kann am Beginn schulischen Lernens falsch gemacht werden? Unterrichtliche Leistungsvergleiche, Verwechselungen von Arbeitsblättern (oder der Kindernamen), eine Kommunikation, welche die Einzelpersönlichkeit nicht in den Blick nimmt oder eine vorschnelle „Charakterisierung" können ähnlich ungünstig sein wie (vor-)schnelle Rolleneinstufungen:

„Sarah, du bist doch der klügere Zwilling, zeig Lea doch mal bitte wie das Falzblatt richtig zu drehen ist ..." (Trautmann, 2015, S. 5)

Eltern von Zwillingen wird diesbezüglich geraten, die Zwillinge unterschiedlich zu kleiden oder sie unterschiedlich zu frisieren, um einen Vergleich zwischen den Kindern zu umgehen und den Lehrpersonen die Ansprache der Zwillinge zu erleichtern (vgl. Ruffo, 2004). Bei (unseren) Interviews mit Zwillingen fällt letztlich immer wieder auf, dass es neben Ebenen unterschiedlicher Interpretationen eine ganze Reihe ähnlicher Konstrukte gibt (vgl. Trautmann, 2010). Constanze Rönz hat in ihrer interessanten Studie Zwillinge über einen längeren Zeitraum immer wieder und unter variierenden äußeren Einflussfaktoren interviewt. Sie stellte fest, dass Aspekte länger andauernder Erinnerungen beider Mädchen an Ähnlichkeit zunehmen (vgl. Rönz, 2008). Auch Diba Akthari und Burcu Tükenmez (2015) resümieren, dass trotz allem Wert auf Trennung und Wertschätzung ein Restanteil „Zweitgeborenenfrust" bleibt. Sie mahnen, dass es eine „neue Perspektive" beim pädagogischen Blick auf ein- und zweieiige Zwillinge braucht (vgl. ebd., S. 120).

---

[39] *Beredtes Zeugnis dafür ist Ilse Lichtenstein-Rothers Longseller „Schulanfang" (Lichtenstein-Rother 1969), der auch in der 7. Auflage keinerlei Hinweise für Zwillinge oder/und Geschwisterbeschulung gibt.*

Philosophisches

Die Frage der Entstehung von Mehrlingen beschäftigte bereits die Philosophen in der Antike. So stellte Hippokrates die Theorie auf, eine Zwillingsschwangerschaft entstehe bei einer Samenteilung in der Gebärmutter, wodurch jede Hälfte in einen Eierstock wandert und jeweils eine Eizelle befruchtet. Demokrit hingegen ging davon aus, dass Zwillinge durch zwei kurz aufeinanderfolgende Ejakulationen entstehen können (vgl. Karcher, 1975, S. 22). Auch Aristoteles beschäftige sich intensiv mit dem Vererbungsproblem und sparte Überlegungen zur Zwillingsentstehung nicht aus (vgl. Meyer, 1918, S. 233 f.). Später wurde das Zwillingsthema kaum betrachtet. Immer wieder diente es aber als Metapher – meist nicht für „das Gute". Hegel hielt die Entstehung der Moderne aus „Buchdruckerkunst" und „Schießpulver", also aus Pulver und Blei, Krieg und Medien für Zwillinge (vgl. Kittler, 2000). Hegel habe zuallererst beide Techniken positiv und gleich bewertet. Eine weitere Verwandtschaft liegt in der Verdopplung der Welt in „historische Zeit" und „Systemzeit". Auch die (reflektierte) Realität hat danach einen Zwilling, die Negation (vgl. Hegel 2016, S. 33). Auch Friedrich Nietzsche (vgl. 2013) hat zumindest einen metaphorischen Blick auf das Thema geworfen. Er sah im Leiden einen notwendigen Bestandteil des Wegs zum höchsten Glück und war der Ansicht, ohne Leiden könne man nicht zum Glück gelangen. „Lust und Schmerz sind Zwillinge und mit dem Glücke Homers in der Seele ist man auch das leidensfähigste Geschöpf unter der Sonne."

Der Begriff einer „Zwillingsidee" geht auf Friedrich August von Hayek zurück. Für ihn hängen Evolution und spontane Ordnung zusammen. Begründer dieser Zwillingsidee seien Mandeville, Hume und Smith (vgl. Petersen, 2014, S. 201).

Viel später – als die Reproduktionsmedizin ein (bio)ethisches Thema wurde, argumentierte der deutsche Philosoph Hans Jonas (vgl. 1987, S. 162), reproduktives Klonen würde ein Recht auf Unwissenheit verletzen: Ein später entstandener, genetisch identischer Zwilling würde zu viel über sich selbst wissen oder zu wissen glauben. Der frühere Zwilling hätte dann stets schon die Lebensentscheidungen getroffen, die dem anderen noch bevorstünden. Der Spätere würde den Sinn für die menschlichen Möglichkeiten verlieren und mit ihm die Autonomie, seine Zukunft zu gestalten. In ähnlicher Weise verteidigte der Rechtsphilosoph Joel Feinberg (1992) ein Recht auf eine offene Zukunft. Danach sollte sowohl das Recht auf Nichtwissen als auch das auf eine offene Zukunft die Freiheit des Individuums gewährleisten. Brock stellt dabei die Frage, ob jemand, der einen frühergeborenen genetisch identischen Zwilling hat, wirklich an der freien Wahl seines Lebensweges gehindert wird. Seine Antwort ist negativ. Der spätere Zwilling würde sein Leben in einer anderen familiären, sozialen und historischen Umwelt gestalten und wäre vor andere Entscheidungen gestellt als der frühere. Seine Autonomie bliebe intakt (vgl. hier Brock, 2004, S. 2).

Narratives[40]

William Shakespeare – selbst Vater von Zwillingen – thematisierte dies in seiner „Komödie der Irrungen". Es geht dabei um zwei Zwillingspaare, die sich zum Verwechseln ähnlich sind. Eines der Paare[41] wurde bereits in der Kindheit getrennt. Deren Diener sind ebenfalls Zwillinge. Auf der Suche begegnen die Brüder jeweils dem Diener des anderen (näheres bei Haber-

---

[40] *Die erste Überlegung des Autorenteams war ein „**literarisches**" Durchmustern. Dieses jedoch ist ob der Fülle des Materials mindestens ein eigenes Buch wert.*
[41] *Antipholus von Ephesos und sein Bruder Antipholus von Syrakus*

korn 1990, S. 40). Am Ende kommt es zur Wiedervereinigung und hinterlässt die Zuschauer zunächst einmal in völliger Verwirrung. Auch Shakespeares Stück „Was ihr wollt" behandelt das Zwillingsthema – mit ähnlich glücklichem Ausgang[42].

Auch eine Vielzahl der oben bereits erwähnten „Ratgeber" für Zwillinge, die periodisch den Markt überschwemmen, wurden zumeist von Zwillingseltern geschrieben, die von ihren eigenen Erziehungserfahrungen berichteten. Rönz (2008, S. 1) weist darauf hin, dass damit sowohl populärwissenschaftliche als auch pseudowissenschaftliche Erkenntnisse vermittelt werden.

Mit einer interessanten narrativen Konstruktion beginnt die Untersuchung von Diba Akthari und Burcu Tükenmez. Beide haben ihre Gewährskinder – zweieiige Zwillingsjungen im Grundschulalter – selbst definieren lassen, was eigentlich ein Zwilling ist.

Gewährskind I (M): „...die ähm am selben Tag geboren worden und also zu gleicher Stunde aber muss nicht sein zur gleichen Stunde es kann also einfach am selben Tag sein. Ja, aber ich bin jetzt nicht mit einem und die zur Familie gehören, wenn .. weil einer auf der Welt zum Beispiel Johann[43] *der ist ja am gleichen Tag geboren wie ich nur ein Jahr jünger (...) also er ist nicht mein Bruder. Eineiige sind ähm ... ähm nicht so gut zu unterscheiden und zweieiige sind besser zu unterscheiden ..." (Akthari/Tükenmez 2015, S. 3).*

In seiner Querschnittstudie „Wie stellst du dir die Liebe vor?" hat Thomas Trautmann im Jahr 2000 insgesamt 512 Grundschulkindern zwischen 9 und 11 Jahren die o.g. Frage gestellt:

---

[42] *Zwillingsthemen finden sich auch in der Goethezeit, etwa bei Friedrich Klinger (1997) und – mit Siegmund und Sieglinde – sogar vertont im Ring der Nibelungen (Walküre).*
[43] *J. ist ein Klassenkamerad, der am gleichen Tag Geburtstag hat.*

„Ich stelle mir die Liebe so vor. Der Mann soll freundlich sein hilfsbereit und er soll nicht so dick sein. Wir heiraten, er nimmt mich auf den Arm und trägt mich an den Wagen, dann fährt er an einen Eisladen, wir bestellen uns einen Eisbecher für 2 und wenn wir fertig sind, fahren wir nach Hause. Dann gehen wir ins Schlafzimmer und ziehen uns aus, wir gehen ins Bett und machen es uns gemütlich. Ihr wißt bestimmt, was dann passiert. Ich will Zwillinge haben, es sollen Mädchen werden. Mädchen lassen sich leichter erziehen. Ich nähe ihnen rosa Kleider. Mein Mann soll sich Mittwoch immer frei nehmen. Er soll mir nur am Freitag Essen bringen."
(R. weiblich 10 Jahre)

„Es ist ein Gefühl, was einen genau ins Herz trifft. Da ist man sprachlos! Das ist ein Gefühl, dass man nicht ersetzen kann. Man hat Herzklopfen, man ist erschrocken. In diesem Augenblick ist es so, als ob man einen Traum gehabt hat, der auf einmal in Erfüllung geht. Es ist, als ob man im Herz so viel frei hat und auf einmal ist alles voll. Man hat ein Kribbeln im Bauch so, als ob tausend kleine Wesen mich krabbeln. Es ist so, als ist ein Wunder geschehen. Es ist ein Zeitpunkt, wo man sich selbst und den anderen allein sieht und Du bist nicht ansprechbar, man will allein sein. Man ist eigentlich noch nie so bewegt oder gerührt gewesen. Und niemand kann Dich aufmuntern und auch niemand kann Dir eine Freude bereiten. Du denkst nur an das Eine, dass Du Deine Liebe gefunden hast. Komisch ist nur, dass mein Zwillingsbruder an so etwas gar nicht denkt sondern nur an Fußball. Dabei sehen wir genau gleich aus." (K. männlich 10 Jahre)

„Ich würde meinen Mann lieben und wir würden uns nicht scheiden lassen. Wir wollen Kinder machen und wir würden sie nicht schlagen. Und sie dürften unten bleiben so lange sie wollen beim Spielen. Ich würde meine Kinder lieb haben, am besten zwei Zwillingspärchen. Weil, man hat da nur zwei Mal die Geburt und es sind doch vier Kinder. Wenn sie mal vergessen haben das Zimmer aufzuräumen, räume ich es auf. Sie können haben was sie wollen, aber nicht zu viel." (J. weiblich 9 Jahre)

„Ich stelle mir vor, dass meine Frau Kinder gerne mag und nett ist und lange Haare hat und hübsch ist. Tiere muss sie mögen. Ich würde gerne drei Kinder haben, zwei Jungen und ein Mädchen oder umgedreht, dass wäre mir egal. Vielleicht haben wir auch Drillinge, da ist es mit einem Mal vorbei und die Kinder sind alle gleich alt. Ich würde nach Berlin zurückziehen oder in Thüringen bleiben, dass weiß ich auch noch nicht genau."
(B. männlich 9 Jahre)

Die ebenfalls von Trautmann und seinem Team[44] zwischen 2002 und 2003 erarbeitete Querschnittstudie „Kindererziehung aus Kindersicht" fußt auf einer *magic man Konstruktion*[45]. Die Probanden – Grundschulkinder im Alter von 8 bis 11 Jahren – werden mit einer zweifachen Konjunktivüberlegung bekannt gemacht. In diesem konkreten Fall lautet sie:

Stell dir vor, du bist Mama (oder Papa) eines Kindes, welches genau so alt ist, wie du jetzt. Wie würdest du dein Kind erziehen?

Eine Reihe von Kindern bezogen in ihre (übrigens aus konstruktivistischer Sicht sehr lesenswerten) Überlegungen[46] die Möglichkeit ein, ein Zwilling zu sein.

„Ich möchte 2 Kinder haben aber keine Zwillinge, so wie ich nämlich einer bin. Ich würde meine Kinder nicht so streng erziehen wie meine Eltern mich. Bei einer Zensur würde ich nicht gleich meckern. Wenn wir uns gestritten haben würde ich es wieder gut machen. Nie werde ich mein Kind schlagen oder treten. Es sollte aber nicht rauchen oder klauen. Es darf jetzt noch nicht alleine weit weg gehen und sich noch kein Piercing stechen lassen. Es dürfte nur bis 7.00 Uhr runter auf die Straße. Es dürfte die Schüssel nach dem Kuchenbacken auslecken. Es sollte mir alles erzählen.

---

[44] *Näheres bei Trautmann et al. 2009*
[45] *Magic man vgl. Trautmann/Bamberg 2009, S. 51; auch Brümmer/Trautmann 2016, S. 96*
[46] *Die Stilistik und Interpunktion wurde beibehalten.*

Es sollte nicht vorlaut sein. Es dürfte ein Haustier bekommen." (G. weiblich 10 Jahre)

„Ich bin jetzt 26 Jahre, habe zwei Kinder und bin seit 3 Jahren verheiratet. Wir leben in einer Villa am Strand. Von Beruf bin ich Schauspielerin und mein Mann Arzt. Bei der Erziehung unserer Kinder haben mein Gatte und ich zusammen gearbeitet. Sie sind beide zwölf (Zwillinge wie wir) und wollen auch Schauspieler oder Arzt werden. Bis zu ihrem 11. Lebensjahr habe ich versucht, sie aus dem dauernden Blitzlichtgewitter rauszuhalten. Das danken sie mir sehr (sagen sie zumindest). Mein Mann und ich erziehen unsere Kinder ganz normal, in der Woche bis 18.00 Uhr und am Freitag und Samstag bis 19.00 Uhr können sie wegbleiben, aber keine kurzfristigen Übernachtungen bei Freundinnen, kein loses Mundwerk (sie wissen wo die Grenze ist), kein Alkohol oder andere Drogen, keine Tattos, dafür darf jede ein Haustier haben. Ihre Hobbys sind: vor der Kamera stehen, schwimmen und eine vor beiden geht in ihrer Schule in die Theater AG und die andere zum Leistungsschwimmen. Als sie beide das erste Mal vor der Kamera standen, da waren sie gerade zwölf geworden, durften sie mit mir zusammen in „meiner" Serie spielen. Sie waren sehr glücklich denn es war schon immer ein Traum von ihnen. Noch mal zur Erzieheung meine Kinder (und das findet auch mein Mann) sie sollten erst mit 16 Jahren richtig anfangen in einer Serie zu spielen. Das erste Mal war ja eine Ausnahme wegen ihrem Geburtstag. Die Zwillinge laufen auch gerne Wasserski das lassen wir zweimal im Jahr zu, sonst wird es zu teuer. Beide gehen ins Internat sonst würden wir das mit dem Berufen und den Kindern nicht schaffen. Es gefällt ihnen im Internat sehr gut, trotzdem freuen sie sich wieder nach Hause zu kommen. Beide haben mit neun Jahren kochen gelernt mein Mann hielt das für notwendig falls wir in den Ferien doch mal außer der Reihe arbeiten müssten. Die beiden ergänzen sich gut, eine backt hervorragent, eine kocht grandios. Da kommt es schon vor, das Mamas essen

nicht schmeckt. Aber im Großen und Ganzen sind wir mit unseren Kindern zufrieden und hoffen das wir alles richtig gemacht haben in Sachen Erziehung." (H., ich bin weiblich 11 Jahre)

„Ich würde meinem Kind (oder meinen Kindern, ich möchte nämlich Zwillinge) nie erlauben zu rauchen und würde ihm nie Hausarest oder Fernsehverbot geben. Ich würde mit ihm Baden fahren, Fahrradfahren oder in einen Vergnügungspark gehen. Ich würde ihm zuhören wenn er Probleme hat, (in der Schule oder andere Probleme), und würde versuchen ihn zu helfen. Und würde versuchen, dass mein Kind immer ehrlich bleibt. Das mein Kind ein gutes Verhältnis zu seinem Vater hat ist mir wichtig. Das es fleißig ist ergal in welcher Situation auch. Das es hilfsbereit ist, aber das es sich auch durchsetzen kann. Ich möchte wie gesagt Zwillinge einen Junge und ein Mädchen oder ganz viele Kinder. Ich werde es so einrichten dass er viel Freizeit hat aber auch lernt und dass sie nicht zickig wird. Ich will es nie schlagen sondern vernünftig mit ihm darüber reden was er angestellt hat. Ich möchte versuchen dass er christlich wird und an Gott glaubt. Das er nicht frech ist sondern nett, auch seinen Feinden gegenüber." (A. männlich 11 Jahre)

„Wenn ich Mutter von 2 Zwillingskindern wäre, würde ich mit ihnen über alles ruhig reden, auch wenn sie mal Mist gebaut hätten. Außerdem würde ich sie nie schlagen, weil ich finde, dass es nicht gut für Kinder ist, und helfen tut es auch nicht! Aber die Kinder würde ich auch bestrafen. Es sollen ja keine verwöhnten Göhren werden. Ich würde die Kinder in eine Kindergartenkrippe oder Kindergarten schicken und sie ein Babysitter einstellen. Ich sorge dann dafür das beide gleich behandelt werden onwohl das schwer ist wie man bei uns sieht. Wenn sie alt genug dafür sind würden sie auch was im Haus / Wohnung machen müsse damit die Kinder Taschen-

geld bekommen natürlich auch vorher aber nur kleine Sachen z.B. Tischabräumen, Zimmer aufräumen und wenn sie älter sind: Geschirrspüler ein- und ausräumen, Staubsaugen u.s.w.) Sie würden die Klamotten bekommen die die Kinder haben wollen, nicht die welche man sonst im Billigladen kauft und die potthässlich aussehen. Ich würde viel Zeit für meine Kinder haben aber auch arbeiten gehen. Der Mann kann ja schließlich auch Arbeiten gehen aber er soll am Wochenende zuhause sein. Ich würde meinen Zwillingen bei den Hausaufgaben helfen und zeigen was ich kann, wenn sie es wissen wollen. Die Kinder würde ich streng aber auch lieb erziehen. Ich würde ihnen erklären wenn sie etwas falsch gemacht haben und ich wünsche mir, dass sie mich in ihr Leben einbeziehen, denn sie könnten mit mir über alles reden, und gemeinsam würden wir eine Lösung finden. Ich würde mit ihnen jeden Sommer (wenn wir Geld haben) in den Urlaub fahren." (Y. weiblich 10 Jahre)

In narrativen Sequenzen im Kontext von Forschungen zur Vorschulerziehung in Kindertagesstätten[47] stieß die Forschungsgruppe Heterogene Lerngruppenanalyse (HeLGa) auch auf Bereiche, in denen Zwillinge involviert waren. Hier ein Bericht einer Praktikantin:

„Die Kinder wußten von dem Prinzip, dass es nur strenge Ermahnungen, aber keine körperlichen Konsequenzen gab. Genau so unterschiedlich fiel das Verhalten der Kinder dann auch aus, je nachdem, ob das Kind zu Hause Körperstrafen zu erwarten hatte oder nicht. Die Erzieherin hatte nämlich so ein gutes Verhältnis zu den Kindern, konnte besonders gut auf den einzelnen eingehen, daß die Kinder sie als Respektsperson akzeptierten und die Ermahnungen ernst nahmen. Nach einer Woche Praktikum kamen 2 Jungs, übrigens eineiige Zwillinge - Bastian und Alex - neu in die Gruppe. Die Jungs verhielten sich zunächst ruhig und eher unauffällig, aber nach ein paar Tagen Gewöhnung fingen sie an, sich auffällig zu verhalten.

---

[47] vgl. hier u.a. Heidi Trautmann (2009, S. 9 f.)

Sie ärgerten andere Kinder, schlugen sie zum Teil, bis auf Ausnahmen. Immer wenn die Erzieherin drohte den Eltern von den Stänkereien zu erzählen, zogen sie sich für ein bis zwei Tage regelrecht in ihr Schneckenhaus zurück. Aber dann ging alles wieder von vorne los. Das sah sich die Erzieherin ein paar Mal an und redete dann mit der Mutter.

Am nächsten Tag kamen die zwei Buben nicht in den Kindergarten. Und am Tag darauf bemerkten wir viele blaue Flecken und Blutergüsse am Körper von Bastian und Alex. Die Erzieherin ging der Sache nach und erfuhr, daß der Vater Alkoholiker ist und die Kinder deshalb zu Hause oft Prügel bekommen. Und auch die Jungs erzählten ihr nach einiger Zeit, daß der Papa sie „oft haut". Ich selbst habe mich bis zum Ende des Praktikums, zusammen mit der Erzieherin, viel mit den Jungs beschäftigt. Und von Tag zu Tag hat man gemerkt, daß die zwei immer mehr von der Gruppe akzeptiert wurden und sie sich ganz normal im Umgang mit anderen Kindern verhielten. Die Erzieherin hat aus diesem Vorfall Konsequenzen gezogen. Sie hat den Eltern nie wieder etwas von einem Fehlverhalten der Zwillinge erzählt und die Sache selbst in die Hand genommen. Durch diese individuelle Zuwendung haben ihr die Zwillinge vertraut und ihr auch immer erzählt, wenn es bei ihnen zu Hause mal wieder drunter und drüber ging. Ich merkte, daß sich die Zwillinge im Kindergarten völlig wohl und sicher fühlten. Aber sobald die Zeit kam, wo sie abgeholt werden sollten, waren sie immer verändert – man merkte ihnen an, dass es nun in eine unkalkulierte Lebenswelt ging. Mit der Zeit merkte die Erzieherin immer schon am Morgen, wenn die Zwillinge in den Kindergarten kamen, ob sie wieder mal geschlagen worden sind. An diesen Tagen waren sie besonders sensibel und brauchten viel Zuwendung."

Viele dieser narrativen Selbstzeugnisse entstanden in unterschiedlichen pädagogischen Kontexten. Sie sind ein wesentlicher Zugang zur Studie von Christin Ihde, die auf diesen Beitrag folgt. Zunächst aber wollen wir die „Domäne des Erzieherischen" einmal nach den Ankerpunkten für Zwillinge durchmustern.

Pädagogisches

Die Einleitung eines STERN-Artikels von Frank Ochmann aus dem Jahr 2006 verdeutlicht die Faszination und Aktualität der vielen unterschiedlichen Fragestellungen, die noch immer um das Zwillingsdasein kreisen: „Danke, Zwillinge! Zwillinge, die genetischen Doppelgänger, sollen den Schlüssel zum Geheimnis des Menschen bergen. Was macht uns zu denen, die wir sind? Un- sere Natur? Die Umwelt? Die ‚lebenden Laboratorien' gewähren überraschende Einblicke – heute mehr denn je." Auch zahlreiche „populärwissenschaftliche Veröffentlichungen und Erziehungsratgeber wenden sich inzwischen an überforderte Eltern und erteilen Rat bei der Bewältigung zwillingstypischer Probleme im Alltag. „ Die zentrale und immer wieder neu gestellte Frage, ob Zwillinge zu zwei Individuen oder als Paar erzogen werden sollen, prägt diese Ratgeber" (Frey 2006, S. 19).

Eine Ausnahme stellt „Psychologie heute" (Beltz Verlag) dar. Das Magazin nahm sich gleich mehrfach des Themas an, ein Hinweis darauf, dass der Bereich durchaus der Beschäftigung durch Profis bedarf.

Neben Beiträgen, die sich mit genetischen und umweltbdingten Entwicklungsaspekten beschäftigen (vgl. Eschenröder, 2016 in Bezug auf Emotionen; Konrad, 2015 im Hinblick auf Hochsensibilität) thematisiert z.B. Glomp (2013) die Domänen von Gleichheit und Differenz bei Zwillingen direkt. Annette Schäfer (2009) titelt unter: „Verblüffend ähnlich und doch nicht gleich" die Ambivalenz des „doppelten Lottchens" zwischen Wunsch und abrupt einsetzender Realität an zwei lange getrennten Zwillingen. Ulfried Geuter (2001) beschreibt im Titelthema – es geht um Bindungsfähigkeit – eine Mutter, die auf sehr verschiedene Weise mit ihren beiden Zwillingen Blicke austauschte. Schaute der Erstgeborene weg, glaubte sie, dass er genug hatte. Beim Zweitgeborenen dagegen konnte sie das Wegschauen nicht dulden und forcierte den Blickkontakt. Wie sich herausstellte, drückte die Mutter so ihre Ambivalenz gegenüber Ehemann und Zwillingen aus: In dem einen Kind brachte sie ihre guten, in dem anderen ihre schlechten Gefühle unter. Mit dem einen war sie feinfühlig, mit dem anderen nicht.

Immer wieder werden – zu den unterschiedlichsten Themenfeldern – die Erkenntnisse der modernen Zwillingsforschung herangezogen, ein Vorgehen, das die Domäne einer durchaus nötigen Sensibilisierung zuführt.

Gabriele Paschek (2010) merkt z.B. in ihrer Diskussion über die Händigkeit an, dass eineiige Zwillinge, die genetisch identisch sind, genauso häufig wie gewöhnliche Geschwisterpaare eine unterschiedliche Händigkeit ausbilden. Godehard Weyerer (2009) analysiert das Stottern und merkt an, dass die Wahrscheinlichkeit des Stotterns eineiiger, also genetisch identischer Zwillinge, vier- bis fünfmal höher läge als das gleichzeitige Auftreten des Stotterns bei zweieiigen Zwillingen oder bei gleichgeschlechtlichen Geschwistern. Sein Resümee: Der neuronale Verschaltungsfehler und somit die Ursache des Stotterns sei zu 70 Prozent genetisch bedingt.

Wolfgang Schmidtbauer (2010) vergleicht im Kontext des „Verstehenkönnens" metahporisch. Wer danach nicht selbst Zwilling ist oder Fixer war, kann auch keinen Zwilling und keinen Fixer verstehen. Schmidtbauer konstatiert, dass Verstehen heißt, einen Abstand durch Einfühlung zu bekommen. Und Heiko Ernst (2011, S. 19) bedient sich der Zwillingsmetapher, um das „Selbst" zu illustrieren. Danach schuf sich der regelmäßig und intensive über sich nachdenkende Homo sapiens eine Art geistigen Zwilling, ein inneres Bild, das er von sich selbst hat. „Diesen inneren Zwilling nennen wir heute das Selbst. Mit seiner Hilfe können wir uns an andere Orte und in andere Zeiten versetzen, wir können uns mit den Augen anderer betrachten oder uns selbst neu entwerfen."

Jochen Paulus (2013) vermutet schließlich gar die Existenz eines Politik Gens weil eineiige Zwillinge häufiger politisch einer Meinung seien als zweieiige. Diesem Gedanken ist bereits 2004 Thomas Saum-Aldehoff nachgegangen, als er konstatierte, dass sich erbgleiche Zwillinge stärker in ihrer politischen Grundhaltung ähneln würden als zweieiige.

Blicken wir noch kurz auf die in Rede stehende Schwelle zwischen familialer Erziehung unter elterlicher Fürsorge (zu Hause) und professionaler institutionaler Erziehung (im Kindergarten und der Schule).

Primäres Augenmerk muss bereits auf die Zusammensetzung der Gruppe gelegt werden. Sowohl Kindergartengruppen als auch Schulklassen werden weitgehend nach dem Zufallsprinzip zusammengesetzt (u.a. Einzugsbereich). Dennoch geschieht dies nicht ohne pädagogische Überlegungen (Altersbereich, Entwicklung). Das betont auch Maria Montessori, als sie über Altersähnliche in so genannten Jahrgangsklassen kritisch nachdenkt.

„Als einige unserer Lehrerinnen das Kriterium der Gleichaltrigkeit in den Klassen anwenden wollten, zeigten die Kinder selbst die sich daraus ergebenden Schwierigkeiten auf. In der Familie ist es schließlich das gleiche. Eine Mutter kann sechs Kinder haben und doch den Haushalt leicht führen. Die Schwierigkeiten beginnen bei Zwillingen oder bei Gruppen gleichaltriger Kinder, denn es ist mühsam kleine Kinder zu betreuen, die alle dasselbe benötigen. Die Mutter, die sechs Kinder verschiedenen Alters hat, ist viel besser dran als die mit nur einem Kind. [...] Die Familien haben oft mit den erstgeborenen Schwierigkeiten, nicht mit den darauffolgenden Kindern. Die Eltern glauben, das liege an ihrer größeren Erfahrung, aber der wahre Grund ist, dass die Kinder Gefährten haben [...]." (Montessori 2015, S. 202 f.)

Constanze Rönz hat 2008 den beachtenswerten Versuch unternommen, ein weibliches Zwillingspäärchen langfristig in die Schuleingangsphase zu begleiten (vgl. Rönz, 2007, S. 104 ff.). Sie nähert sich mittels unterschiedlicher Methoden der Kindheitsforschung dem Selbstkonzept und stellt fest: Will man versuchen, die Persönlichkeit der Zwillinge möglichst differenziert zu erfassen, kann nicht darauf verzichtet werden, etwas über ihr Selbstkonzept in Erfahrung zu bringen. Deshalb wird im Verlauf der Auswertung des empirischen Materials immer wieder der Bezug zum Selbstkonzept der Gewährspersonen hergestellt. Unter anderem wird dabei die Hypothese aufgegriffen, dass das Selbstkonzept von Zwillingen insbesondere durch ihre Paaridentität geprägt ist, wodurch sich ihr Selbstkonzept von dem Einzelgeborener unterscheidet. Sie bezieht ihre Überlegungen ebenfalls auf Barbara Schave Klein (2003), die ausführt: *"Twins have distinctive issues forming their identities compared with single children because twins share the ultimate closeness. They share their mother's womb, their parents, posessions, [sic!] and early memories. They also have a public image as a twin pair, wich is highly visible and attracts much curiousity and attention."* (ebd., S. 35)

Eine weitere Arbeit aus unserem Schaffensbereich hat – allerdings nicht mit dem Hauptfokus – die sozialen Beziehungen einer altersgemischten Schülergruppe in entdidaktisierten Räumen (nämlich im Schullandheim) analysiert. Dabei kommt die Autorin Florentine Lohse zu einer interessanten Feststellung.

„Nach Frau B. (der Klassenleiterin TT) waren die Zwillinge Alex und Dora im Schullandheim wie ausgewechselt. Sie beschreibt die beiden vor der Reise als ‚sehr hippelig, sehr auffällig und sehr unruhig, die auf verschiedene Art und Weisen gerne gestört haben'. Im Schullandheim verhielten sie sich dagegen ‚sehr ruhig, ausgeglichen, harmonisch und offen'." (vgl. Lohse, 2009, S. 70)

Als eine mögliche Erklärung für die veränderten Verhaltensweisen führt die Lehrperson die Tatsache an, dass die Schüler sich während dieser dreieinhalb Tage weniger mit schulischen Lernstoffen auseinandersetzen mussten, sondern sich stärker auf sich selbst und den Umgang mit anderen konzentrieren konnten. Es hieß dort: „*Gott sei Dank, auch mittlerweile Kollegen bestätigen später, dass sich so viele, also gerade die Fachlehrer, die mit meiner Klasse oder meiner Lerngruppe ja sehr, sehr zu kämpfen hatten, merken, dass mehr Ruhe einkehrt, dass sie harmonischer werden, dass sie kollektiver und miteinander einfach angenehmer umgehen.*" (LFI 4_158 in Lohse, 2009, S. 71)

Didaktisches

Die Einschulung in die erste Klasse bedeutet für viele Kinder die erste längere Trennung von ihren Bezugspersonen. Zwillinge sind aufgrund ihrer Zweisamkeit im Vorteil, sie können sich gegenseitig trösten und stützen, um sich besser in den Schulalltag einzufügen. Verschiedene Wissenschaftler behaupten, dass die Klassen-Trennung von Zwillingen in späteren Jahren von Vorteil sei. Doch in diesem Punkt gehen die Meinungen stark auseinander. Innerhalb dieses Kapitels sollen die unterschiedlichen Beschulungsarten und deren Gründe dargestellt werden (vgl. Bryan, 1994, S. 59). Ein Großteil der grundschuldidaktischen Standardwerke nehmen die Beschulung von Mehrlingen nicht bzw. kaum zur Kenntnis[48]. In älteren Werken, wie dem Handbuch Grundschule (Haarmann, 1996), der Einführung

---

[48] *Diese Erkenntnis kann bei näherer Betrachtung nur Betroffenheit auslösen. Hochbegabung tritt, statistisch gesehen, bei 2 Prozent der Bevölkerung auf (vgl. Trautmann 2016, S. 43). Sie hat in den letzten Jahrzehnten eine pulsierende Diskussion im erziehungswissenschaftlichen Sektor ausgelöst. Mehrlingsgeburten kommen bei 1,2 von hundert Entbindungen vor. Zwillinge sind entwicklungsriskant. Dennoch können Lehrpersonen und Erzieher sich offenbar kaum in dieser Domäne fortbilden.*

in die Grundschulpädagogik (Drews et al. 2000), noch im Kursbuch Grundschule (Heinzel et al. 2009) wird auf die Probleme institutionaler Beschulung von Mehrlingen eingegangen. Der Arbeitskreis Grundschule (Deutscher Grundschulverband) hat in seinen Veröffentlichungen seit 1969 nicht einmal titulär die Zwillingsbeschulung in den Fokus genommen (vgl. AKG, 2015). Auch in ferner liegenden, aber für den Lehralltag relevanten Veröffentlichungen, wie Pädagogischen Wörterbüchern (vgl. Schaub/Zenke, 2007) bleiben Zwillinge eine Defizitdomäne. Auch die Durchmusterung der Kindergartenliteratur ergab keine Hinweise zum Thema Zwillinge (vgl. u.a. Mörsberger et al. 1988; Walter/Fasseing, 2002; Meyer/Walter-Laager, 2012). Auch Lehrwerke zur Identität (vgl. hier z.B. Abels, 2010) bleiben diesbezüglich ohne Impulse. Lediglich Martin Dornes gibt aus der Perspektive von Bindungstheorien ein Beispiel von Daniel N. Stern (Dornes, 2014, S. 81).

Zu finden sind Hinweise im Netz, wobei wiederum stark zwischen allgemeinen, populärwissenschaftlichen „Ratgebern" und tatsächlich tiefer gehenden Analysen unterschieden werden sollte. Einige Internetforen nehmen sich des Themas der Einschulung durchaus ernsthaft an, wobei die diskuterte Kardinalfrage die Trennung bzw. Nicht-Trennung der Zwillinge in Klasse 1 ist:

http://www.zwillingswelten.de/cms/2015/07/zwillinge-in-der-grundschule-das-erste-jahr/

http://www.lehrerforen.de/index.php?thread/4063-zwillinge-trennen-oder-nicht/

http://www.urbia.de/archiv/forum/th-4155939/eltern-mit-zwillingen-im-schulalter-trennen-oder-zusammen-in-der-schule.html

Sven Trautwein umreißt in „Das Magazin Schule Online" Ausgabe 24/2015 eine Reihe von Überlegungen, die Eltern und Lehrpersonen im Zusammenhang mit Einschulung und Unterricht begegnen können.

Auch Schulbücher und pädagogische Zeitschriften nehmen sich, allerdings höchst vereinzelt, des Zwillingsthemas an. Nicht verwunderlich sind Ausgaben zum Biologieunterricht (Kähler, 2009). Vorher platzierten Unterricht Biologie im Themenheft „Umwelt & Gene" Nr. 167/1991 den Beitrag: „Auch Zwillinge sind nie ganz gleich" und im 2001 erschienenen Heft 263 von Unterricht Biologie wird nach der Einzigartigkeit von Lebenwesen gefragt. 2004 platziert der Schroedel Verlag ein "Arbeitsblatt zu unterschiedlichen Zwillingsarten". Es geht um das Thema: Siamesische Zwillinge – was bedeutet das? Empfohlen wird das Blatt für Biologie im 5.-8. Schuljahr. Zum Inhalt notiert Schroedel aktuell: *„Meist wird von siamesischen Zwillingen im Zusammenhang von Operationen zur Trennung berichtet. Die öffentliche Anteilnahme am Schicksal ist dann oft groß. Doch wie entstehen eigentlich siamesische Zwillinge? Und wie häufig kommt diese Zwillingsart überhaupt vor? Die Schülerinnen und Schüler erarbeiten sich mithilfe des Blattes Hintergründe zu den verschieden Arten von Zwillingen".*

Susanne Weyerstall hat 2014 in der Vorschulzeitschrift klein & groß mittels eines fiktiven Blogs ein Kita-Aufnahmegespräch der Zwillinge, die mit zwei Sprachen aufwachsen, nachgezeichnet. Marianne Grassmann titelt 2006: „Ich darf nicht allein einkaufen gehen, aber mein (Zwillings-) Bruder", um kindliche Erfahrungen von Schulanfängern im Umgang mit Geld zu belegen (vgl. Grassmann 2006). Im Lehrwerk Ethik Grundschule Klassenstufe 3 von Cornelsen (Balasch et al. 2005, S. 6) wird ebenfalls das Zwillingsthema behandelt. In der Neuausgabe von 2015 fehlt eine entsprechende Thematik (vgl. Balasch et al. 2015) – ebenso in der Ausgabe ab 2016 für den Freistaat Bayern.

Gleich und ungleich

Tim und Tom sind Zwillinge. Eineiige.
Sie haben auch immer gleiche Sachen an.
Das heißt, sie gleichen sich wie ein Ei dem anderen.

Das hören die beiden aber gar nicht gern.
„Ich kann schneller laufen als Tim", sagt Tom.
„Dafür bin ich in Mathe besser als du", grinst Tim.

Julia und Maike ist das egal.

„Ich will mit einem von euch Eis essen gehen,
egal mit wem", sagt Jule.
„Ich nehme dann den anderen
von euch beiden Gleichen", kichert Maike.

„Eh, Moment mal", protestiert Tim.
„So geht das nicht", grunzt Tom.

Die Mädchen blicken die beiden verständnislos an.
„Ich bin ich und ich bin niemandem gleich, hörst du",
brummelt Tim.
„Das wäre ja noch schöner, wenn wir beide gleich wären.
Unsere Mutter würde sich bedanken", winkt Tom ab.

Da hat Maike eine Idee. „Sagt mal, Jungs,
wie wäre es eigentlich auf der Welt, wenn alle gleich wären?"
„Grauenhaft", schüttelt sich Tom.
„Furchtbar!", ruft Tim.

„Warum?", wundert sich Julia. „Alle hätten die gleichen Anziehsachen,
die gleichen Eltern, gleich viel Taschengeld, das gleiche Spielzeug …"

- Stellt euch vor, alle und alles wäre gleich.
- Was wäre daran gut, was wäre nicht so gut?
- Denkt gemeinsam nach: *Gleich sein ist nicht eins sein.*

Ich bin ich

Rahmendes[49]

Der Eintritt in die Grundschule ist für jedes Kind ein besonderes Erlebnis. Es ist das Hineinwachsen in eine neue Umgebung und für viele Kinder die erste Ablösung aus dem familialen Umfeld. Viele Kinder besuchten im Vorfeld Kindertagesstätten, Spielgruppen oder Vorschulklassen[50]. Neu für viele Kinder ist die Lehrerin als Bezugsperson (vgl. Behörde für Schule und Berufsbildung, 2016, S. 6[51]). Die Klassengröße wird von der Konferenz der Kultusminister der Länder in der Bundesrepublik Deutschland festgelegt. Für das Schuljahr 2015/2016 wurden folgende Anzahlen der Schülerinnen und Schüler für die Grundschule bestimmt:

- Grundschulen mit einer erforderlichen Basisfrequenz zum Erreichen der Grundstunden und einen Sozialindex 1 und 2 ab 2010/11 dürfen 17 Schülerinnen und Schüler innerhalb einer Klasse beschulen. Für alle anderen Schulen gilt die Klassengröße von 21 Schülerinnen und Schülern.

- Grundschulen mit einen Sozialindex 1 und 2 ab 2010/11 dürfen höchstens 19 Schülerinnen und Schüler beschulen, alle anderen Grundschulen 23.

Ein stetiges Wachstum der gesetzlichen Höchstfrequenzwerte in den Folgejahren wird erwartet (vgl. Konferenz der Kultusminister der Länder, 2015, S.7[52]). dar. Die sozialen Rahmenbedingungen werden auf einer Skala

---

[49] Den Rahmen bildet hier weniger das Zwillingsphänomen sondern die damit zusammenhängenden Rahmenbedingungen für die Schuleingangsphase – hier konkret auf die Freie und Hansestadt Hamburg bezogen.
[50] Hamburg unterhält als einziges Land in der Bundesrepublik Vorschulklassen.
[51] www.hamburg.de/contentblob/64534/data/bbs-br-zum-schulanfang-11-07.pdf (Letzter Aufruf: 21.05.2016).
[52] http://www.kmk.org/fileadmin/Dateien/pdf/Statistik/Klassenbildung_2015.pdf (Letzter Aufruf: 08.08.2016).

von 1 bis 6 beschrieben, wobei die 1 für Schulen mit schwierigen sozialen Rahmenbedingungen steht und die 6 für Schulen mit begünstigten sozialen Rahmenbedingungen (vgl. Behörde für Schule und Berufsbildung, 2013[53]). Schulen dürfen bei einer Zustimmung der Sorgeberechtigten mit den Kindertagesstätten kooperieren, um Informationen über den derzeitigen Entwicklungsstand – körperliche, geistige, emotionale und sprachliche Entwicklung – der Kinder zu erhalten (vgl. Schulgesetz Hamburg, 2016, S.29[54]). Rückwirkend können gemeinsame Empfehlungen für den Bildungs- und Erziehungsprozess an die Sorgeberechtigten weitergegeben werden (vgl. Schulgesetz Hamburg, 2016, S. 21). Die Sorgeberechtigten können (nach den Empfehlungsgesprächen) die Grundschulen frei wählen[55]. Im Rahmen der „selbstverantworteten Schule" entscheidet die Schulleitung über die Zusammensetzung der Klassen bzw. Lerngruppen. Weitere Vorgaben seitens der Behörde gibt es dazu nicht.

Finales (Trennung versus Nicht-Trennung)

Am Schluss bedeutet dieses eben Konstatierte, dass die Sorgeberechtigten ihre Wünsche bezüglich der Beschulung ihrer Zwillinge frei äußern und angeben dürfen. Die Schulleitung der jeweiligen Grundschule entscheidet, ob jene in eine gemeinsame Klasse oder in getrennte Klassen eingeschult werden. Zu vermuten ist, dass jede Schulleitung eine bestimmte Vorstellung davon hat, wie dies entwicklungsfördernd zu gestalten ist. Darauf beruht das Forschungsinteresse von Christin Ihde (2016).

---

[53] http://www.hamburg.de/bsb/hamburger-sozialindex/, (Letzter Aufruf: 01.06.2016).
[54] http://www.hamburg.de/contentblob/1995414/data/schulgesetzdownload.pdf (Letzter Aufruf: 08.08.2016).
[55] Es kann sogar ein „Wunschkind" (Geschwister oder Freund/Freundin) angegeben werden, mit dem das in Rede stehende Kind innerhalb einer Klasse eingeschult werden soll.

Die „entwicklungsfördernde" Frage der „richtigen" Beschulung – so wurde in diesem Beitrag versucht zu zeigen – ist ein aktuell ungelöster Aspekt in Didaktik und Kindheitsforschung zugleich. Tonja Züllig verdanken wir eine erste maßgebliche Positionsbestimmung. Ihre Konklusion fusst auf den negativen Zwillingsdynamiken. Daher hält sie eine Klassen-Trennung bei Mehrlingen für sinnstiftend (vgl. Züllig, 2012, S. 31). Sie sieht aber auch die Heterogenität der Individuen und rät daher den Pädagoginnen und Pädagogen eine prä facto Prüfung an:

„Jeder Zwilling, wie auch jedes Zwillingspaar, ist sehr unterschiedlich und muss nach seinen Bedürfnissen, Fähigkeiten und Fertigkeiten, Möglichkeiten und familiärer Situation, usw. beurteilt werden." (Züllig, 2012, S. 35)

Eine Klassen-Trennung wird empfohlen bei eher schüchternen Zwillingsgeschwistern, bei eineiigen oder sich sehr ähnlich aussehenden Zwillingen, Zwillingen mit sehr wenig Kontakt zu anderen Kindern, Mehrlingen mit einer starken gegenseitigen Bindung und einer fehlenden Individualerziehung (vgl. ebd., S. 31). Bereits Claudia Eberhard-Metzger (vgl. 1998) hatte bereits vor knapp 20 Jahren postuliert, dass eine Klassen-Trennung von Zwillingen besonders dann erfolgen solle, wenn ein großes Leistungsgefälle und unterschiedliche Begabungen beobachtet werden können. In der alltäglichen Praxis raten Pädagogen den Eltern zur Entfaltung der eigenen Individualität, ohne allerdings die Bedeutung der Zwillingsbeziehung zu untergraben. Dieses Denken fußt auf der Psychologie von Vera Boltz (1954) die postulierte, dass die eigentliche Aufgabe von Zwillingen darin besteht, sich von der Paargemeinschaft zu lösen, das heißt, vom „Wir" zum Selbst zu finden, beziehungsweise sich zu individualisieren (ebd., S. 11).

Letztlich kann keine Garantie bestehen, dass sich getrennt beschulte Zwillinge tatsächlich individueller entwickeln als zusammen beschulte. Eine Reihe von Vorzügen lässt sich jedoch denken. Bei einer Klassentrennung steht der leistungsschwächere Zwilling nicht im Schatten des Stärkeren. Lehrpersonen ziehen keine Vergleiche zwischen den Kindern, die ihre Objektivität behindern. Hausaufgaben und Arbeitsaufträge müssen die Zwillinge separat und aus eigener Kraft erledigen. Individuelle Begabungen können sich, ebenso wie die sozialen Kontakte, freier entfalten. Selbstvertrauen und Selbständigkeit entwickeln sich unabhängig und es können eigene Freundschaften geschlossen werden (vgl. Eberhard-Metzger, 1998, S. 52). Damit im Zusammenhang lernen die Zwillinge, sich innerhalb einer Gruppe mitzuteilen, zu behaupten und autark auf andere Kinder zuzugehen – ihre eigenen Wege zu finden (vgl. Schave/Ciriello, 1983, S. 123). Sie kommen zu einer individuellen Erfahrungs- und Erlebniswelt mit ihrer eigenen Privatsphäre. Wesentlich ist, dass die Kinder nicht als Zwilling, sondern als Einzelperson wahrgenommen werden (vgl. Züllig, 2012, S. 33).

Andererseits scheint das Nicht-Klassen-Trennungs-Paradigma zu dominieren. Danach müssen Zwillinge unbedingt in einer gemeinsamen Klasse beschult werden. Diese Vorstellung bezieht sich vorrangig auf das Sicherheitsgefühl zwischen Zwillingen, wenn sie als Einheit gesehen werden (vgl. hier Bryan, 1994, S. 65). Beim Eintritt in die Schule führt diese Zweisamkeit zu weniger Schwierigkeiten, da sie einander haben und keinen Kontakt zu anderen Kindern herstellen müssen. Sie geben sich gegenseitig Sicherheit und Halt. Dazu sorgt ein gemeinsamer Stundenplan für eine bessere Struktur und Organisation des Tagesablaufs, sodass auch die Erziehungsberechtigten eher Vorteile von dieser Beschulungsart haben (vgl. Züllig, 2012, S. 33).

Die Problemlagen eines solchen Vorgehens sind – neben der typischen Verwechslungsgefahr bei eineiigen Zwillingen – die möglich Ausrichtung der schulischen Leistungen am schwächeren Zwilling. Langfristig kann dies eine Vernachlässigung der eigenen Interessen und Talente nach sich ziehen (vgl. hier Bryan, 1994, S. 62)[56]. Eine Gleichbehandlung kann auf Dauer zur Identitätskrise führen, da die Zwillinge es schwer haben, ihre eigene Persönlichkeit tatsächlich zu finden. Sie entwickeln das Gefühl, ohne ihr Geschwister nicht existieren zu dürfen oder zu können, sie sehen sich als einander ergänzende Hälften (vgl. Schulz, 2013, S. 32). Zwillinge, so merkt Züllig an, können innerhalb einer gemeinsamen Klasse durchaus zu einer eigenen Persönlichkeit und Eigenständigkeit finden, wenn die Individualisierung in Didaktik und Organisation stimmt, (vgl. Züllig, 2012, S. 39) bzw. Individualisierung un Kooperation in einem produktiven Verhältnis stehen (vgl. Gayko, 2014). Gerade kleine, einzügige Grundschulen müssen danach hoch individualisiernd vorgehen.

Jedes Kind soll einzeln gesetzt, beraten, gelobt und getadelt werden. Vergleiche müssen zu einhunder Prozent unterbleiben. Es werden die jeweils persönlichen Stärken wahrgenommen und gefördert sowie Vergleiche zwischen den Kindern vermieden. Jedes Zwillingskind bekommt danach ein eigenes Lern-Entwicklungs-Gespräch sowie eine einzelne Zeugnisbesprechung, da gemeinsame Gespräche die Vergleiche und Konkurrenz unter den Kindern fördern. Bei Gruppenarbeiten sollen Zwillinge stets in unterschiedliche Gruppen aufgeteilt werden. Es sollte ebenfalls bei Sonderaufgaben und Geburtstagen eine getrennte Handlung für jede(n) erfolgen (vgl. hier Züllig, 2012, S. 40). Die spannende Frage bleibt, wie jede einzelne Grundschule reagiert und auf welchen Überzeugungen dies basiert. Der folgende Beitrag hält eine ganze Reihe höchst überraschender Resultate bereit.

---

[56] *Eine zunächst gemeinsame Beschulung mit späterer Trennung soll diese individuelle Entwicklung der Zwillinge vorantreiben.*

Literatur

Abels, Heinz (2010) Identität. 2. überarb. und erw. Aufl. Wiesbaden: VS Verlag.
AKG (Arbeitskreis Grundschule/Grundschulverband) (2015) Veröffentlichungen. Verfügbar unter: http://www.grundschulverband.de/fileadmin/bilder/Publikationen/Mitgliederbaende/Novuprint_Veroeffentlichungsliste_komprimiert.pdf (letzter Zugriff am 27. Januar 2017).
Akthari, Diba; Tükenmez, Burcu (2015): Zur kindlichen Entwicklung von Zwillingen unter lebensweltlichen Aspekten – nachgewiesen an zweieiigen männlichen Zwillingen. Masterthesis an der Fakultät für Erziehungswissenschaft. Hamburg UHH.
Angleitner, Alois; Riemann, Rainer; Strelau, Jan (1995): Eine Zwillingsstudie zu Anlage und Umwelteinflüssen auf die „Big Five": Selbst- und Bekannteneinschätzungen für die Skalen des NEO-FFI. Beitrag zum Arbeitskreis „Verhaltensgenetische Forschung zu Persönlichkeits- und Temperamentsmerkmalen" auf der Fachgruppentagung der Fachgruppe Differentielle Psychologie, Persönlichkeitspsychologie und Psychologische Diagnostik in Trier, 16-18. November 1995.
Archiv 2014 (ohne Verfassername) einsehbar unter: *https://www.twinmedia.ch/2014/02/16/aspekte-fr%C3%BCkindlicher-entwicklung-von-zwillingen/* (Letzter Aufruf am 25. Januar 2017).
Balasch, Udo; Bruntsch, Katharina; Thieler, Ilka, Trautmann, Thomas (2005): Ethik 3. Schülerbuch. Berlin: Cornelsen.
Balasch, Udo; Brüning, Barbara; Trautmann, Thomas (2015): Ethik 3. Grundschule. Schülerbuch. Berlin: Cornelsen.
Behörde für Schule und Berufsbildung (2013): http://www.hamburg.de/bsb/hamburger-sozialindex/, (Letzter Aufruf: 01.06.2016).
Behörde für Schule und Berufsbildung (2016): *www.hamburg.de/contentblob/64534/data/bbs-br-zum-schulanfang-11-07.pdf* (Letzter Aufruf: 21.01.2017).
Benzenhöfer, Udo (Hrsg.) (2010): Mengele, Hirt, Holfelder, Berner, von Verschuer, Kranz: Frankfurter Universitätsmedizin der NS-Zeit. Münster: Verlag Klemm & Oelschlägel.
Bierhorst, John (1997): Die Mythologie der Indianer Nordamerikas. München: Hugendubel.
Boltz, Vera (1954): Zwillinge und Geschwister – paarweise erziehen? Stuttgart: Ernst Klett Verlag.
Bracken, Helmut v. (1936): Verbundenheit und Ordnung im Binnenleben von Zwillingspaaren. In: *Zeitschrift für päd. Psychologie*. 1936, Nr. 37, S. 65–81.
Brechner, Elke; Dinkelaker, Barbara; Dreesmann, Daniel (2001): Kompaktlexikon der Biologie. Heidelberg: Spektrum Akademischer Verlag.
Brock, Dan W. (2004): Auch ein Klon ist frei geboren. In: DIE ZEIT 35/2004. S. 1-5.
Brommer, Jule (2016): Der Fall Fares im theoretischen Modell. In: Trautmann, Thomas; Brommer, Jule (Hrsg.) (2016). Transitionen exemplarisch. Schulanfang, Klassenstufensprung, Schulartwechsel am Einzelfall. Berlin: Logos. – S. 90 – 170.
Brommer, Jule; Trautmann, Thomas (2016): Transitionen am Einzelfall untersuchen – die Welt im Tautropfen oder kasuistischer Ausreißer? – In: Trautmann, Thomas; Brommer, Jule (Hrsg.) (2016). Transitionen exemplarisch. Schulanfang, Klassenstufensprung, Schulartwechsel am Einzelfall. Berlin: Logos. – S. 11 – 89.

Brümmer, Mareike; Trautmann, Thomas (2016): Vom Sichtbar werden – Divergentes Denken als Element ästhetischer Erfahrung und deren Verarbeitung im begabungsfördernden Unterricht – nachgezeichnet an einer weiblichen Viertklässlerin. Berlin: Logos.

Burchardt, Renate (1999): Monozygot oder Dizygot? Ein Vergleich zwischen genetischer und phänotypischer Zygositätsbestimmung bei Zwillingskindern im dritten Lebensjahr. Hamburg. Kovač.

Burlingham, Dorothy (1949): "Twins as a gang in miniature." In: K. Eissler et al.: Searchlights on Delinquency, London: Imago. pp. 284-287.

Buselmaier, Werner; Tariverdian, Gholamali (2007): Humangenetik. 4. neu bearb. Aufl. Heidelberg: Springer.

Clodius, Sandrine (2005): Die Paaridentität in verschiedenen Geschwisterkonstellationen. Ein Vergleich von Zwillingen und Nicht-Zwillingen. Diplomarbeit. Braunschweig: Technischen Universität.

Damm, Sigrid (Hrsg.): Geschwister- und Einzelkinderfahrungen. Aufarbeitung im Kontext multimodaler Psychotherapie. Tagung des VMT 1992 und 1993. (Schriften des VMT, Bd. 1). Pfaffenweiler: Centaurus.

de la Motte-Haber, Helga (2002): Handbuch der Musikpsychologie. Laaber: Laaber-Verlag.

Devlin, Bernie; Daniels, Michael; Roeder, Kathryn (1997): The heritability of IQ. In: Nature 388 (6641), 468-471.

Döpfner, Manfred (2013): Hyperkinetische Störungen. In: Petermann, Franz (Hrg.): Lehrbuch der Klinischen Kinderpsychologie und -psychotherapie. 7. überarb. Auflage. Göttingen: Hogrefe-Verlag. S. 151-187.

Dornes, Martin (2014): Die emotionale Welt des Kindes. 6. Aufl. Frankfurt am Main: Fischer.

Draaisma, Douwe (2006): Der Profit eines Defekts: das Savantsyndrom. In: Warum das Leben schneller vergeht, wenn man älter wird – Von den Rätseln unserer Erinnerung. München. Piper.

Drews, Ursula; Schneider, Gerhard; Wallrabenstein, Wulf (2000): Einführung in die Grundschulpädagogik. Weinheim u. Basel: Beltz.

Echle, Joseph (2007): Verlauf der Sprachentwicklung bei Zwillingen und damit verbundenen Entwicklungsstörungen unter besonderer Berücksichtigung des selektiven Mutismus. Sprachverweigerung als Erziehungsproblem bei Zwillingen 3. Aufl. Zürich: Heilpädagogisches Seminar Zürich. Berufsbegleitende Ausbildung für Sonderklassen- und Sonderschullehrer.

Einsiedler, Wolfgang; Götz, Margarete; Hacker, Hartmut; Kahlert, Joachim; Keck, Rudolf W.; Sandfuchs, Uwe (Hg.) (2005): Handbuch Grundschulpädagogik und Grundschuldidaktik. 2., überarb. Aufl. Bad Heilbrunn: Klinkhardt.

Einsiedler, Wolfgang; Götz, Margarete; Hartinger, Andreas; Heinzel, Friederike; Kahlert, Joachim; Sandfuchs, Uwe (Hg.) (2014): Handbuch Grundschulpädagogik und Grundschuldidaktik. 4., überarb. Aufl. Bad Heilbrunn/Stuttgart: UTB-Klinkhardt.

Eley, Thalia C.; Bishop, Dorothy V. M.; Dale, Philip S.; Oliver, Bonny; Petrill, Steven A.; Price, Thomas S.; Saudino, Kimberly J.; Simonoff, Emily; Stevenson, Jim; Plomin, Robert; Purcell, Shaun (1999): Genetic and environmental origins of verbal and performance components of cognitive delay in 2-year-olds. In: Developmental Psychology, Vol 35(4), July 1999, 1122-1131. Verfügbar unter: http://dx.doi.org/10.1037/0012-1649.35.4.1122 (letzter Aufruf: 24. Januar 2017).

Enzlberger, Maria (2002): Selbstbilder von Zwillingen. Zwillingspaarbeziehungen und Entwicklungsvoraussetzungen. Linz: Rudolf Trauner Verlag.

Ernst, Heiko (2011): Sei nett zu deinem Selbst! In: Psychologie heute. Ausgabe: 9/2011. Weinheim u. Basel: Beltz.

Eschenröder, Christof, T. (2016): Der Mann, den man gerne hasst. In: Psychologie heute 4/2016. Weinheim u. Basel: Beltz.
Feinberg, Joel (1992): Freedom and Fulfillment: Philosophical Essays. Princeton: Princeton University Press.
Fingerle, Michael (2008): Intraindividuelle Risikofaktoren. In: Gasteiger-Klicpera, Barbara; Julius, Henri; Klicpera, Christian [Hrsg.]: Sonderpädagogik der sozialen und emotionalen Entwicklung. Handbuch Sonderpädagogik. Bd. 3. Göttingen: Hogrefe Verlag. S. 81-87.
Frey, Barbara: Zwillinge und Zwillingsmythen in der Literatur. Frankfurt am Main/London: IKO 2006.
Frickel, Claudia (2016): Mythen und kuriose Fakten über Zwillinge. In: http://web.de/magazine/wissen/mystery/mythen-kuriose-fakten-zwillinge-31682674. Letzter Zugriff am 06.09. 2016.
Friedrich, Walter (1983): Zwillinge. Berlin (Ost): VEB Deutscher Verlag der Wissenschaften.
Friedrich, Walter; vel Job, Otmar, Kabat (1986): Zwillingsforschung international. Berlin (Ost): VEB Deutscher Verlag der Wissenschaft.
Galton, Francis (1995): The history of twins. As a criterion of the relative powers of nature and nuture (1875), enthalten in: Wozniak, Robert H.: Mind, adaptation and childhood. London: Routledge/Thoemmes.
Galton, Francis (1988) zit. in: Eberhard-Metzger, Claudia (1988): Stichwort Zwillinge. München: Heyne 1998, S. 57.
Gärtner, Judit (2011). Perez/Pereziter. In: https://www.bibelwissenschaft.de/stichwort/30736/ (Letzter Aufruf am 27.1. 2017).
Gasteiger-Klicpera, Barbara; Klicpera, Christian (2008): Störungen des Sozialverhaltens (dissoziale Störungen). In: Gasteiger-Klicpera, Barbara; Julius, Henri; Klicpera, Christian [Hrsg.]: Sonderpädagogik der sozialen und emotionalen Entwicklung. Handbuch Sonderpädagogik. Bd. 3. Hogrefe Verlag: Göttingen. S. 181-206.
Gayko, Friederike Luise (2014): Zur Qualität kooperativen Lernens im individualisierten Unterricht – eine Stichprobe einer zweiten Klasse der Max-Brauer-Schule Hamburg. Masterthesis für das LA der Primar- und Sekundarstufe. Hamburg: UHH.
Geuter, Ulfried (2001): Bindungsfähigkeit: Gut gerüstet für die Zukunft. In: Psychologie heute. Ausgabe: 06/2001. Weinheim u. Basel: Beltz.
Gifford, Sanford (1966): Differences in Individual Development Within a Pair of Identical Twins. In: Box 6: Reprints of Sanford Gifford's Articles, 1957-1998. The Harvard Review.
Gifford, Sanford (1978). Psychoanalysis in Boston: Innocence and experience. Introduction to the panel discussion, 14 April 1973. In: Gifford, George E., Jr. (Ed.), Psychoanalysis, Psychotherapy and the New England Medical Scene, 1894-1944. New York: Science History Publications, S. 325-345.
Glomp, Ingrid (2013): Gleich und doch verschieden: Warum eineiige Zwillinge so erstaunlich unterschiedlich sind. In: Psychologie heute. Ausgabe: 04/2013. Weinheim u. Basel: Beltz
Goffman, Erving (1980): Stigma. Über Techniken der Bewältigung beschädigter Identität. Frankfurt am Main: Suhrkamp.
Grant, Michael; Hazel, John (1994): Lexikon der antiken Mythe und Gestalten. München: dtv.
Grassmann, Marianne (2006): „Ich darf nicht allein einkaufen gehen, aber mein (Zwillings-) Bruder". Erfahrungen von Schulanfängern im Umgang mit Geld. In: Grundschulunterricht 7-8/2006 Berlin: Cornelsen.

Grossmann, Peter (1965): Persönlichkeitsformung und Persönlichkeit als Ergebnis des Ineinanderwirkens von Erbcharakter und Umwelt bei zweieiigen und eineiigen Zwillingen. Zwei Zwillingsmonographien. Dissertation. Tübingen: Eberhard-Karls-Universität.

Haarmann, Dieter (Hrsg). (1996) Handbuch Grundschule Bde. 1 und 2. 3. Aufl. Weinheim u. Basel: Beltz.

Haberkorn, Rita (1990): Als Zwilling geboren. Über eine Besondere Geschwisterkonstellation. München: Kösel.

Haberkorn, Rita (1996): Zwillinge. Was Eltern und Pädagogen wissen müssen. Reinbek: Rowohlt.

Hahn, Elisabeth; Gottschling, Juliana; Bleidorn, Wiebke; Kandler, Christian; Spengler, Marion; Kornadt, Anna E.; Schulz, Wiebke; Schunck, Reinhard; Baier, Tina; Krell, Kristina; Lang, Volker; Lenau, Franziska; Peters, Anna-Lena; Diewald, Martin; Riemann, Rainer; & Spinath, Frank M. (2016): What drives the development of social inequality over the life course? The German TwinLife Study. Twin Research and Human Genetics, 19(6), 659-672.

Hearnshaw, Leslie Spencer (1979): Cyril Burt: Psychologist. Ithaca (NY): Cornell University Press.

Hegel, Georg Wilhelm Friedrich (2016): Wissenschaft der Logik: Erster Teil: Die objektive Logik. Zweiter Teil: Die subjektive Logik. Berlin: Contumax (Sammlung Hofenberg).

Heinzel, Friederike; Schönknecht, Gudrun; Speck-Hamdan, Angelika (Hrsg.) (2009): Kursbuch Grundschule. Frankfurt am Main: Grundschulverband.

Hillenbrand, Clemens (2008): Begriffe und Theorien im Förderschwerpunkt soziale und emotionale Entwicklung – Versuch einer Standortbestimmung. In: Gasteiger- Klicpera, Barbara; Julius, Henri; Klicpera, Christian (Hrsg.): Sonderpädagogik der sozialen und emotionalen Entwicklung. Handbuch Sonderpädagogik. Band 3. Hogrefe Verlag: Göttingen. S. 5 - 24.

Hornung, Gerhard (2001): Basisartikel Individualität; Schmitt, Annette: Lebewesen sind einmalig; Etschenberg, Karla: Was macht dich einzigartig? In: Unterricht Biologie Nr. 263/2001 Seelze: Friedrich.

Hu, Frank B.; Goldberg, Jack; Hedeker, Donald; Henderson, William G. (1998). Modelling ordinal Responses from Co-Twin-Control Studies. In: Statist. Med. 17, 957—970 (1998) John Wiley & Sons, Ltd.

Ihde, Christin (2016): Zur Beschulung von Zwillingen und Drillingen in Hamburger Grundschulen – Eine quantitative Analyse der aktuellen Praxis. Masterthesis im Studiengang Lehramt für die Primar- und Sekundarstufe. Hamburg: UHH.

Jüptner, Daniela (2009): Zur Persönlichkeitsentwicklung von Zwillingen aus sozial-dynamischer und interdisziplinarer Sicht. Eine Zusammenschau der Zwillingsforschung unter besonderer Berücksichtigung problemgeschichtlicher Zusammenhänge. Diplomarbeit im Fach Pädagogik. Wien: Universität Wien.

Jonas, Hans (1987): Technik, Medizin und Ethik. Zur Praxis des Prinzips Verantwortung. Frankfurt: Suhrkamp.

Joynson, Robert B. (1989): The Burt Affair. New York: Routledge.

Kähler, Harald (2009): Band 11: Menschliche Sexualität und Entwicklung. Unterrichtspraxis Biologie. Band 11. Hallbergmoos: Aulis.

Kandler, Christian; Riemann, Rainer; Spinath, Frank M.; Bleidorn, Wiebke; Thiel, Wolfgang; Angleitner, Alois (2013). The Bielefeld Longitudinal Study of Adult Twins (BiLSAT). Twin Research and Human Genetics, 16, 167-172.

Kielhöfer, Bernd; Jonekeit, Sylvie (2002): Zweisprachige Kindererziehung. 11. Auflage. Tübingen: Stauffenburg Verlag.

Kittler, Friedrich (2000): Eine Kulturgeschichte der Kulturwissenschaft. München: Wilhelm Fink Verlag.

Klaas, Marcel (2013): Perspektiven auf die jahrgangsgemischte Schuleingangsstufe. Eine mehrperspektivische Betrachtung unter besonderer Berücksichtigung der Rekonstruktion des Erlebens von Kindern in der jahrgangsgemischten Schuleingangsstufe. Inauguraldissertation zur Erlangung des Doktorgrades der Humanwissenschaftlichen Fakultät der Universität zu Köln. Überarb. Druckfassung. Köln: Universität Köln.

Klinger, Friedrich, Maximilian (1997): Die Zwillinge. Paralleldruck der Ausgaben von 1776 und 1794. Hrsg. v. Edward P. Harris, Ekhard Haack und Karl-Heinz Hartmann, in: Ders.: Werke. Historisch-kritische Gesamtausgabe. Hrsg. von Sander L. Gilman et al, Bd. 2, Tübingen: Niemeyer.

Knoke, Mareike (2015): Ungleiche Zwillinge. In: Impulse 02_2015. S. 53 – 61 (verfügbar unter: http://www.touchdown21.info/media/article/35/attachment-1441118403.pdf, (Letzter Aufruf: 25. Januar 2017).

Konferenz der Kultusminister der Länder (2015):
http://www.kmk.org/fileadmin/Dateien/pdf/Statistik/Klassenbildung_2015.pdf (Letzter Aufruf: 11.12.2016).

Konrad, Sandra (2015): „Hochsensibilität ist keine psychische Störung, sondern ein besonderes Temperament". In: Psychologie heute Ausgabe: 09/2015 . Weinheim u. Basel: Beltz.

Krauß, Bernd (1994): Zwillinge – Erleichterungen und Erschwernisse vom personaler Entwicklung und Psychotherapie. In: Damm, Sigrid (Hrsg.): Geschwister- und Einzelkinderfahrungen. Aufarbeitung im Kontext multimodaler Psychotherapie. Tagung des VMT 1992 und 1993. (Schriften des VMT, Bd. 1). Pfaffenweiler: Centaurus.

Lawlor, Debbi A; Nelsen, Sharon M. (2012) Effect of age on decisions about the numbers of embryos to transfer in assisted conception: a prospective study. Lancet 379(9815): 521–527

Lersch, Petra; Haugwitz, Dorothee v. (2012): Leben mit Zwillingen! Gut durch Trotzalter, Kindergarten und Grundschule. Stuttgart: Trias. Thieme.

Lewontin, Richard C.; Rose, Steven; Kamin, Leon J. (1985): Zu Paaren treiben. Lehren aus der Zwillingsforschung. In: Kursbuch 80. Berlin: Rotbuch Verlag.

Lichtenstein-Rother, Ilse (1969): Schulanfang. Pädagogik und Didaktik der ersten beiden Schuljahre. 7. Aufl. Frankfurt am Main: Diesterweg.

Lohse, Florentine (2009): Zur Bedeutung und Entwicklung sozialer Beziehungen in einer altersgemischten Klasse am Beispiel einer Klassenreise. Hausarbeit im Prüfungsfach Erziehungswissenschaft zur ersten Staatsprüfung für das Lehramt an Grund- und Mittelstufe. Hamburg: UHH.

Lottig, Heinrich (1931): Hamburger Zwillingstudien: anthropologische und charakterologische Untersuchungen an ein- und zweieiigen Zwillingen. Leipzig: Verlag von Johann Ambrosius Barth.

Lottig, Heinrich (1936): Zwillingsforschung und Seelenkunde. In: Ärzteblatt für Hamburg und Schleswig-Holstein 3 (1936), S. 418.

Lotze, Reinhold (1937): Zwillinge. Einführung in die Zwillingsforschung. Oehringen: Verlag Hohenlohesche Buchhandlung Ferd. Rau.

Ludwig, Michael; Diedrich, Klaus (1996): In-vitro-Fertilisation und intrazytoplasmatische Spermieninjektion. In: Dtsch. Arztebl. 1999; 96(45): A-2892 / B-2460 / C-2304.

Ludwig, Michael; Nawroth, Frank; Keck, Christoph (2015) Kinderwunschsprechstunde. 3. Aufl. Berlin und Heidelberg: Springer.

Ludwig, Michael; Sterzik, Karl; Oltmanns, Jan; Nawroth, Frank (2014) In-vitro-Fertilisation und intrazytoplasmatische Spermieninjektion. Abläufe, Chancen, Grenzen und Risiken. Stuttgart: Georg Thieme Verlag.

Luke Barbara; Brown, Morton B; Wantman Ethan; Lederman Avi; Gibbons William; Schattman Glenn L; Lobo Rogerio A; Leach Richard E; Stern Judy E. (2012): Cumulative birth rates with linked assisted reproductive technology cycles. N Engl J Med 2012;366:2483–2491.

Maas, Heike; Spinath, Frank M. (2012). Persönlichkeit und Gesundheit: Eine Zwillingsstudie zur Betrachtung möglicher Mediatoren. *Zeitschrift für Gesundheitspsychologie*, 20, S. 129-140.

MacGregor, Alexander J.; Griffiths, Gareth O.; Baker, Juliet; Spector, Timothy D. (1997): Determinants of pressure pain threshold in adult twins: evidence that shared environmental influences predominate In: Pain 73 (1997) 253–257 Elsevier Science B.V.

Mai, Christoph (1997): Humangenetik im Dienste der „Rassenhygiene". Zwillingsforschung in Deutschland bis 1945. (Berichte aus der Geschichtswissenschaft). Aachen: Shaker Verlag.

Malkin I, Williams FM, LaChance G, Spector Tim D., MacGregor Alex J., Livshits G. Low Back and Common Widespread Pain Share Common Genetic Determinants. Ann Hum Genet, 2014 Jun 24.

Mania, Hanna (2008): ADS und Hochbegabung – Theoretische Aspekte und langfristige Beobachtungsergebnisse. Erste Staatsexamensarbeit für das Lehramt an der Primar- und Sekundarstufe. Hamburg: UHH.

Mann, Thomas (1991): Wälsungenblut. In: Schwere Stunde und andere Erzählungen. Frankfurt am Main, Fischer-Verlag.

Martin, Stephanie (2008): Die emotionale und cognitive Entwicklung von Zwillingen. Hamburg, Diplomica Verlag.

Massin, Benoît (2004): Mengele, die Zwillingsforschung und die „Auschwitz-Dahlem Connection". In: Carola Sachse (Hrsg.): Die Verbindung nach Auschwitz. Biowissenschaften und Menschenversuche an Kaiser-Wilhelm-Instituten. Dokumentation eines Symposiums. Göttingen: Wallstein, S. 204.

Meyer, Hans (1918): Das Vererbungsproblem bei Aristoteles. In: Philologus - *Zeitschrift für antike Literatur und ihre Rezeption*. Band 75, Heft 1-4, Seiten 323–363.

Meyer, Hilbert; Walter-Laager, Catherine (2012): Leitfaden für Lehrende in der Elementarpädagogik. Berlin: Cornelsen.

Mischel, Walter; Schmidt, Thorsten (2015): Der Marshmallow-Test. Willensstärke, Belohnungsaufschub und die Entwicklung der Persönlichkeit. 1. Aufl. München: Siedler.

Montessori, Maria (2015): Das kreative Kind. 17. Auflage. Freiburg; Basel; Wien: Herder.

Mörsberger, Heribert; Moskal, Erna; Pflug, Elsegret (Hrsg.) (1988): Der Kindergarten - Bd. 1 - 3. Der Kindergarten in der Gesellschaft / 2. Das Kind im Kindergarten. 3. Didaktik des Kindergartens. Freiburg, Herder.

Nietzsche, Friedrich (2013) (1882): Der Wille zum Leiden und die Mitleidigen (338). In: Die fröhliche Wissenschaft. Viertes Buch. Neuabdruck in: Aphorismen. Ditzingen: Reclam.

Ochmann, Frank: Danke Zwillinge! In: Stern 4/2006. *http://www.stern.de/wissenschaft/ mensch/566100.html?nv=ma_ct* (Letzter Aufruf: 20.01.2017).

Och, Gudrun Merethe (1978): Zwillingsforschung auf dem Gebiet der Psychiatrie. Dargestellt nach den Veröffentlichungen der Jahre 1946-1975. Dissertation. Fachbereich Medizin. Erlangen/Nürnberg: Friedrich-Alexander-Universität.

Paschek, Gabriele (2010): Alles mit links. In: *Psychologie heute*. Ausgabe: 10/2010. Weinheim u. Basel: Beltz.

Paulus, Johen (2013): Einmal CDU, immer CDU? Wovon es wirklich abhängt, welche Partei wir wählen. In: *Psychologie heute*. Ausgabe: 10/2013. Weinheim u. Basel: Beltz.
Petermann, Franz; Koglin, Ute (2015): Aggressive Kinder und Jugendliche: Prävention und Therapie – ein Überblick. Wiesbaden: Springer.
Petermann, Ulrike; Petermann, Franz (2015): Aggressionsdiagnostik. 2., vollständig überarbeitete Auflage. Kompendien Psychologische Diagnostik. Band 1. Göttingen: Hogrefe Verlag.
Petersen, Jens (2014): Freiheit unter dem Gesetz: Friedrich August von Hayeks Rechtsdenken. Tübingen: Mohr Siebeck.
Piontelli, Alessandra (2007): Zwillinge im Mutterleib. Die Entwicklung des Temperaments und das Verhalten der Zwillinge zueinander vor und nach der Geburt. In: Brisch, Karl-Heinz, Hellbrügge, Theodor (Hrsg.) (2007): Die Anfänge der Eltern-Kind-Bindung. Schwangerschaft, Geburt und Psychotherapie. Stuttgart: Klett-Cotta.
Rich Harris, Judith (2002): Ist Erziehung sinnlos? Warum Kinder so werden, wie sie sind. Reinbek: Rowohlt.
Rönz, Constanze (2008): Aspekte kindlicher Entwicklung innerhalb der Schuleingangsphase – eine Fallstudie am Beispiel eineiiger weiblicher Zwillinge. - Hausarbeit zur ersten Staatsprüfung Lehramt Grund- und Mittelstufe. Fachbereich: Allgemeine Erziehungswissenschaft. – Hamburg: UHH.
Rönz, Constanze (2009): Kindsein – aus der Perspektive des Kindes. Zum Potenzial von Einzelfallstudien am Beispiel eineiiger Zwillinge. In: Trautmann, Thomas/Schmidt, Sonja/Rönz, Constanze (Hrsg.): Mittendrin und stets dabei. Begabungsfördernder Unterricht und wissenschaftliche Begleitung: Empirische Ergebnisse, Schneider Verlag Hohengehren, Baltmannsweiler, Bd. 2, S. 57-84.
Rosenbaum Danielle (2007): Teilthema: Intelligenz, Begabung, Hochleistung Studienmaterial, Lernsequenz. Liestal: FHNW.
Rufo, Marcel (2004): Geschwisterliebe Geschwisterhass. Die prägendste Beziehung unserer Kindheit. München: Piper Verlag.
Sacks, Oliver (2006): Der Mann, der seine Frau mit einem Hut verwechselte. Hamburg: Spiegel Edition.
Sauer, Walter (1973): Zwillinge und Zwillingsforschung in pädagogischer Sicht. Dissertation. Tübingen: Eberhard-Karls-Universität.
Saum-Aldehoff, Thomas (2004): Meine Werte, deine Werte. In: Psychologie heute. Ausgabe: 4/2004. Weinheim u. Basel: Beltz.
Scarr Sandra W. (1975): Genetics and the development of intelligence. Chikago: University of Chicago Press.
Schäfer, Annette (2009): Verblüffend ähnlich und doch nicht gleich. In: Psychologie heute. Ausgabe: 3/2009 . Weinheim u. Basel: Beltz.
Schaub, Horst; Zenke Karl G. (2007) Wörterbuch Pädagogik. München: dtv.
Schave, Barbara; Ciriello, Janet (1993): Identity and Intimacy in Twins. New York: Praeger Publishers. S. 64 – 87.
Schave Klein, Barbara (2003): Not all twins are alike. Psychological Profiles of Twinship, Westport: Praeger.
Schepank, Heinz; Heigl-Evers, Annelise (Hrsg.) (1980): Ursprünge seelisch bedingter Krankheiten, Bd. 1, Göttingen: Verlag für Medinzinische Psychologie.
Schepank, Heinz (1996): Zwillingsschicksale - Gesundheit und psychische Erkrankungen bei 100 Zwillingen im Verlauf von drei Jahrzehnten. Stuttgart: Thieme.
Schlieben- Troschke, Karin v. (1981): Psychologie der Zwillingspersönlichkeit. Köln: Pahl-Rugenstein Verlag.
Schlieben-Troschke, Karin v. (1991): Gedanken zu ungeborenen Zwillingen. In: Haberkorn,

R. (1991): Als Zwilling geboren. Über eine besondere Geschwisterkonstellation. 2. Aufl. München: Kösel.

Schmidtbauer, Wolfgang (2010): Die Kultur des Wegschauens. In: Psychologie heute. Ausgabe: 6/2010. Weinheim u. Basel: Beltz.

Schneider, Ilona K. (2003): „Und so sehe ich die Sache!" Kinder verstehen – Kinder erziehen. Baltmannsweiler: Schneider Hohengehren.

Schore, Allan, N. (2009). Affektregulation und die Reorganisation des Selbst. 2. Aufl. Stuttgart: Klett-Cotta.

Schore, Allan N. (2012). Schaltstellen der Entwicklung. Herausgegeben, kommentiert und übersetzt von Eva Rass. Stuttgart: Klett-Cotta.

Schulgesetz Hamburg (2016): http://www.hamburg.de/contentblob/1995414/data/ schulgesetzdownload.pdf (Letzter Aufruf: 08.08.2016).

Schulz, Theresa (2013): Die Identitäts- und Persönlichkeitsentwicklung von Zwillingen. BA-Thesis. Neubrandenburg: Hochschule Neubrandenburg.

Schulze, Theodor (2006): Erziehungswissenschaftliche Biographieforschung. Anfänge – Fortschritte – Ausblicke. In: Krüger, Heinz-Hermann; Marotzki, Winfried (Hrsg.): Handbuch erziehungswissenschaftliche Biographieforschung. 2. Aufl. Opladen: Leske + Budrich, S. 10–31.

Shuter-Dyson, Rosamund (1982): Psychologie musikalischen Verhaltens: Angloamerikanische Forschungsbeiträge. Mainz: Schott Music.

Sieber-Lehmann, Claudius (2015): Papst und Kaiser als Zwillinge?: Ein anderer Blick auf die Universalgewalten. Köln: Böhlau.

Siemens, Hermann Werner (1924): Zwillingspathologie - Ihre Bedeutung, ihre Methodik, ihre bisherigen Ergebnisse. Berlin: Springer.

Spinath, Frank M. (2005). Twin designs. In B. S. Everitt & D. C. Howell (Eds.), Encyclopedia of Statistics in Behavioral Science, 2071-2074.

Spinath, Frank M. (2015). Intelligent geboren oder schlau gemacht? Falsch gestellte Fragen und bessere Antworten. In Rost, Detlef H. (Hrsg.), Intelligenz und Begabung, Lernen und Klassenführung (S.47-71). Münster: Waxmann.

Spinath, Frank M.; Angleitner, Alois; Borkenau, Peter; Riemann, Rainer; Wolf, Heike (2002): German Observational Study of Adult Twins: A multimodal investigation of personality, temperament and cognitive ability. Twin Research, 5, 372-375.

Spinath, Frank M.; Hahn, Elisabeth, Gottschling, Juliana; Maas, Heike; Spengler, Marion (2012): Zwillingsforschung – wie Gene und Umwelt auf unser Verhalten wirken. In: Universität des Saarlandes (Hrsg.). magazin forschung 1/12. S. 9-14.

Spinath, Frank M.; Wolf, Heike (2006): CoSMoS and TwinPaW: Initial report on two new German twin studies. Twin Research And Human Genetics, 9, 787-790.

Spitz, René A. (2000): Angeboren oder Erworben? Die Zwillinge Cathy und Rosy – eine Naturgeschichte der menschlichen Persönlichkeit und ihrer Entwicklung. Weinheim u. Basel: Beltz.

Stauber, Manfred (2013). Duale Reihe Gynäkologie und Geburtshilfe. T. Weyerstahl (Ed.). Stuttgart: Georg Thieme Verlag.

Stierstorfer, Michael (2014): Antike Mythologie in der gegenwärtigen Alltagskultur (Kinder- und Jugendliteratur, Belletristik und Film). Das griechisch-römische Sagengut als Fundus von prototypischen Einzelelementen und Motiven für die aktuelle Fantasy und Phantastik. In: Pegasus-Onlinezeitschrift XIV (2014), Heft 1 Seite 167 – 196. (abrufbar unter: http://www.pegasus-onlinezeitschrift.de/2014_1/pegasus_2014-1_stierstorfer_bildschirm.pdf. Letzter Zugriff 19.1. 2017).

(teds) https://www.teds.ac.uk/home_out.asp [Letzter Aufruf: 22.01.2017] 2007 erschien eine Publikation unter dem Titel: „The Genetic and Environmental Origins of Learning Abilities and Disabilities in the Early School Years", in der einige der wichtigsten Erkenntnisse von TEDS dargestellt werden. (Vgl. TEDS News (2007), London, als PDF-Datei zum Downloaden auf der Homepage unter: http://www.teds.ac.uk/information/news.htm) [Letzter Aufruf: 22.01.2017].

Tellegen Auke; Lykken David T.; Bouchard Thomas J.; Wilcox Kimberly J; Segal Nancy L.; Rich Steven (1988): "Personality similarity in twins reared apart and together". *Journal of Personality and Social Psychology*. 54 (6): 1031–1039.

Tepe, Peter (2001): Mythos & Literatur. Aufbau einer literaturwissenschaftlichen Mythosforschung. Unterstützt von Birgit zur Nieden, Jens O. Hoffmann, Alexandra Rassidakis und Birgit Waberski. Würzburg: Königshausen.

Thiersch, Hans; Grunwald, Klaus; Köngeter, Stefan (2005): Lebensweltorientierte Soziale Arbeit. In: Thole, Werner (Hrsg.): Grundriss Soziale Arbeit. Ein einführendes Hand buch. 2. überarbeitete und aktualisierte Auflage November 2002 Wiesbaden: VS Verlag für Sozialwissenschaften/GWV Fachverlag GmbH, , S.161-178.

Tjedvoll, Arild; Lingens, Hans G.; Husén, Torsten (2000): Conversations in comparative education. Arlington: Phi Delta Kappa Educational Foundation.

Tracy, Rosemarie(2008): Wie Kinder Sprachen lernen. Und wie wir sie dabei unterstützen können. 2. Auflage. Marburg: Francke Verlag.

Traut, Olga (2011): Anleiter, Suchende, Rollenverteiler, Sammlerin und Sortierer – Muster im Prozess des Bauspiels. In: Trautmann, Thomas; Trautmann, Heidi; Lee, Sonja (Hrsg.) Stein auf Stein. Das Bauspiel am Schulbeginn. Hohengehren: Schneider Verlag. S. 106 – 116.

Trautmann, Heidi (2009): Ideenskizze zu einer Konzeption eines „Kindergartens mit integrativer Hochbegabtenförderung". In: In: Trautmann, Thomas; Schmidt, Sonja; Rönz, Constanze (Hrsg.) (2009). Beim Lernen zugeschaut. Begabungsfördernder Unterricht und wissenschaftliche Begleitung: Band I Theoretische Grundlagen, Hohengehren: Schneider Verlag, S. 9 – 19.

Trautmann, Thomas (1997): Spiel im Kindergarten. Weinheim. Beltz - Deutscher Studien Verlag.

Trautmann, Thomas (2000): Wie stellst du dir die Liebe vor? Ein Querschnitt zum kindlichen Denk- und Ausdrucksvermögen. Erfurt: Universitätsdruck.

Trautmann, Thomas (2008): Schulzeit – Unterrichtszeit – Lernzeit. Die Hamburger Messung der Unterrichtsaktivität. In: Anja Durdel, Annemarie von der Groeben, Thomas Trautmann (Hrsg.): Schule als Lebenszeit. Lern- und Lebensrhythmen von Kindern, Lehrkräften und Schulen. Weinheim [u.a.]: Beltz (Beltz-Bibliothek), S. 14 –27.

Trautmann, Thomas (2010) Interviews mit Kindern. Grundlagen, Techniken. Besonderheiten, Beispiele. Wiesbaden: VS Verlag.

Trautmann, Thomas (2015): Kommunikation am Schulbeginn. Feldstudien zu einem Modell wertschätzenden Dialogs in Schule. Hamburg: UHH (unv. Ms.).

Trautmann, Thomas (2016): Einführung in die Hochbegabtenpädagogik. 3. Erw. und akt. Aufl. Baltmannsweiler: Schneider.

Trautmann, Thomas; Bamberg Anneliese (2009). Erkläre einem Marsmännchen ... oder Empathiefähigkeit und Erklärungskompetenz bei Erstklässlern. In: Trautmann, T.; Schmidt, S.; Rönz, C. (Hrsg.): Mittendrin und stets dabei. Begabungsfördernder Unterricht und wissenschaftliche Begleitung. Band II Empirische Ergebnisse. Hohengehren: Schneider Verlag, S. 47 – 55.

Trautmann, Thomas; Brommer, Jule (Hrsg.) (2016): Transitionen exemplarisch. Schulanfang, Klassenstufensprung, Schulartwechsel am Einzelfall. Berlin: Logos.

Trautmann, Thomas; Schmidt, Sonja; Rönz, Constanze (Hrsg.) (2009). Mittendrin und stets dabei. Begabungsfördernder Unterricht und wissenschaftliche Begleitung: Band II: Empirische Ergebnisse, Hohengehren: Schneider Verlag.

Trautwein, Sven (2015): Zwillinge: Zusammen weniger allein? In "Das Magazin Schule Online" Ausgabe 24/2015 im Netz unter: http://www.magazin-schule.de/magazin/zwillinge-zusammen-weniger-allein/ (Letzter Zugriff am 28.01. 2017).

Trouton, Alexandra, Spinath, Frank M., & Plomin, Robert (2002). Twins Early Development Study (TEDS): A multivariate, longitudinal genetic investigation of language, cognition and behavior problems in childhood. Twin Research, 5, 444 - 448.

Tükenmez, Burcu (2015): Zweitgeboren. In: Akthari, Diba; Tükenmez, Burcu (2015): Zur kindlichen Entwicklung von Zwillingen unter lebensweltlichen Aspekten – nachgewiesen an zweieiigen männlichen Zwillingen. Masterthesis an der Fakultät für Erziehungswissenschaft. Hamburg UHH. S. 83 – 105.

Wagner, Angela (1996) Die Entwicklung der Personenreferenz; wie ein- und zweieiige Zwillinge sich während des dritten Lebensjahres auf Photografien erkennen und benennen: eine experimentelle Längsschnittuntersuchung mit 23 deutschen Zwillingspaaren. Dissertation. Braunschweig: Technische Universität.

Walter, Catherine; Fasseing, Karin (2002): Kindergarten. Grundlagen aktueller Kindergartendidaktik. Winterthur: ProKiga-Lehrmittelverlag.

Watzlawick, Meike (2008): Sind Zwillinge wirklich anders? Geschwister in der Pubertät. Marburg: Tectum.

Weigert, Edgar; Weigert Hildegund (1997): Schuleingangsphase. Hilfen für eine kindgerechte Einschulung. 5. Aufl. Weinheim u. Basel: Beltz.

Weyerer, Godehard (2009): Was verursacht Stottern und was hilft? In: Psychologie heute. Ausgabe: 1/2009. Weinheim u. Basel: Beltz.

Wolf, Heike; Spinath, Frank M.; Angleitner, Alois: Ähnlich und doch verschieden? In: forschung 1/2003, S. 10.

Weyerstall, Susanne (2014): Kennen Sie das? Diesmal: Aufwachsen mit zwei Sprachen. In: klein & groß 11/2014 München: Oldenbourg.

Winnicott, Donald W. (2006): Die Fähigkeit zum Alleinsein. In: ders. Reifungsprozesse und fördernde Umwelt. Gießen: Psychosozial Verlag.

Wright, Lawrence (1996): Zwillinge: Das doppelte Geheimnis. In: Psychologie heute. 1/1996. Weinheim und Basel: Beltz.

Wright, Lawrence (2000): Zwillinge. Gene, Umwelt und das Geheimnis der Identität. Bergisch Gladbach: Bastei Lübbe.

Wygotski, Lew, S. (2002): Denken und Sprechen. Frankfurt am Main: Fischer.

Zazzo, René (1984): Le paradoxe des jumeaux Precede dun dialogue avec Michel Townier. Paris.

Zazzo, René (1986): Paare und Paareffekte. Die dritte Zwillingsmethode. Zwillingsforschung in Frankreich. In: Friedrich, Walter; vel Job, Otmar, Kabat (1986): Zwillingsforschung international. Berlin (Ost): VEB Deutscher Verlag der Wissenschaften.

Zimmer, Dieter E. (1993): Der Mensch und sein Double - Über Zwillinge und Zwillingsforschung. München: Heyne Verlag.

Züllig, Tonja (Hrsg.) (2012): Zwillinge finden ihren Weg. Fakten, Erfahrungen und Denkanstösse zur Individualisierung von Zwillingskindern. Vor- und Nachteile gemeinsamer und getrennter Einschulung. 5. überarb. Aufl., Oberglatt: Twinmedia.

Spezielles – Zur Einschulungspraxis von Zwillingen in Hamburg

Christin Ihde

Einleitung – Zwillinge? Beschulen?

Als kleines Mädchen war ich (CI) von der Fernsehserie „Full House" überaus begeistert. Der Rollenwechsel zwischen den einieiigen Zwillingen Mary-Kate und Ashley Olsen faszinierte mich. Zwei Mädchen spielten ein und dieselbe Rolle und niemand konnte sagen, welche von beiden Mädchen in der gerade gezeigten Szene agierte. Diese prägende Kindheitserinnerung veranlasste mich später zu einer ersten Recherche über Zwillingsmotive in verschiedenen literarischen Werken, die unterschiedliche Lebenssituationen von Zwillingen widerspiegeln. Meine Zugänge zum Thema lassen sich aus drei Quellen ableiten.

Erstens: Das Kinder- und Jugendbuch, „Ich bin ich und du bist du" von Nynke Klompmaker beschreibt die Beziehung zwischen eineiigen Zwillingsmädchen. Lis traut sich alles und Semmie ist eher zurückhaltend. Es werden dort verschiedene Zwillingsmotive verwendet, die dem Leser einen Einblick über die Lebenssituationen und Gedanken von Zwillingspaaren vermitteln sollen. In dem Buch werden Gedankenübertragung zwischen Zwillingen, Krankheitsbilder wie, „Wenn der einen schlecht ist, dann auch der anderen" und Isolation, indem sie sich im Schuppen verstecken und ihren Bruder nicht mitspielen lassen wollen gezeigt (vgl. Klompmaker,

2002, S. 43). Aber auch die non-verbale Kommunikation über Blickkontakt, die Verwechslung von eineiigen Zwillingen sowie die Bezeichnung als Einheit mit der Begrifflichkeit „die Zwillinge" (vgl. Klompmaker, 2002, S. 70) werden thematisiert.

Zweitens: Innerhalb der Zwillingsforschung – so zeigt es sich in unserem vorangegangenen Beitrag – befassten sich Myriaden von Wissenschaftlern ausführlich mit der Erblichkeit von Genen. In diesem Zusammenhang tauchten über mehrere Jahrzehnte viele Widersprüche auf. Jeder, der sich mit der Gen- und Umweltproblematik beschäftigte, kreierte eigene Erkenntnisse, die mit Hilfe der Forschung nicht immer in Einklang gebracht werden konnten. Im Laufe der Jahre befasste man sich aus pädagogischer Sicht auch moderat mit der Beschulung von Zwillingen und Drillingen, wobei bis heute nicht geklärt werden konnte, welche Beschulungsart für Zwillinge und Drillinge tatsächlich die geeignetste Variante wäre. Experten stellen sich permanent dieselben Fragen: Sollen die Zwillinge (und Drillinge) in der Schulzeit getrennt werden? Sollen sie in verschiedene Klassen oder gar in verschiedene Schulen gehen? (vgl. den vorherigen Beitrag in diesem Band).

Drittens: Während meines (CI) eigenen Praktikums an einer Hamburger Grundschule unterrichtete ich in zwei verschiedenen zweiten Klassen. Bereits nach ein paar Tagen stellte ich fest, dass ein Junge aus der Klasse 2b der Zwillingsbruder eines Mädchens aus der Klasse 2c war. Bis dahin kam mir nie in den Sinn, dass sie Zwillinge sein könnten. Ihre Gesichtszüge waren zwar ähnlich, wie bei einzeln geborenen Geschwistern, aber an Zwillinge dachte ich nicht. Vielleicht auch, weil ich bis dato eigentlich nie in Erwägung gezogen hätte, dass Zwillinge überhaupt in getrennten Klassen beschult werden. Daraufhin fragte ich Paul[57], ob er traurig sei, dass seine Schwester nicht in derselben Klasse unterrichtet wird wie er. Paul antwor-

---

[57] *Der Name Paul ist frei gewählt.*

tete: „Nöööö, ich finde es gut, dass wir nicht in derselben Klasse sind. Wir streiten uns sehr viel zu Hause. Wären wir in der gleichen Klasse, dann würden wir uns auch da streiten. Wenn ich meine Schwester sehen will, gehe ich auf den Schulhof und spreche mit ihr. Mama findet das so auch besser" (Paul, 19.01.2016). Aus diesem Blickwinkel hatte ich die Situation eines Zwillings noch nie betrachtet und wollte mehr über die Beziehung zwischen Zwillingen und deren Auswirkungen auf verschiedene Lebenssituationen erfahren.

Scheinbar überall lief mir (CI) nun das Motiv der Zwillinge über den Weg. Die Literatur schien voll damit. Hermann Kesten beschreibt in seinem Buch „Die Zwillinge von Nürnberg" die Beziehung zwischen den eineiigen Zwillingsmädchen Primula und Ultima. Die Zwillinge gelangen mit 15 Jahren in der Vorkriegszeit nach Nürnberg und versuchen sich ein selbständiges Leben aufzubauen. Während des Romans wird deutlich, dass Primula die dominante Schwester ist und den Ton angibt, während Ultima alles tut, was ihre Schwester sagt (vgl. Kesten, 1947, S. 112). Beschrieben werden die gegenseitige Abhängigkeit der Zwillinge (vgl. Frey, 2006, S. 287) sowie der Hass und Neid zwischen den beiden. Trotz der gegenseitigen Verachtung schaffen beide es nicht, sich voneinander zu lösen (vgl. Kesten, 1947, S. 112). Des Weiteren verdeutlicht dieser Roman das Zwillingsmotiv der Täuschung. Ein Zwilling kann Arbeit und Leben des anderen übernehmen kann, ohne dass es auffällt (vgl. Frey, 2006, S. 174).

Die „Geschichte der beiden Zwillinge" von Hanns Henny Jahnn (1987) handelt von eineiigen Zwillingsjungen und ihrem erfolglosen Streben, ihre Zwillingsbeziehung zu trennen. Diese Jungen machten in ihrer Kindheit alles gemeinsam. Aufgrund ihrer Ähnlichkeit wurden sie verwechselt: „Auf der Schulbank konnte der Lehrer sie nicht unterscheiden. Er verwechselte sie [...]" (Jahnn, 1987, S. 57), bis sie selbst nicht mehr sicher waren, welcher der beiden Namen zu ihnen passte (vgl. Frey, 2006, S. 136). Auch Thomas Mann bediente sich des Zwillingsmotivs und nahm

Wagners Oper „Wälsungenblut" als Romangrundlage. Diese Erzählung handelt von der inzestuösen Beziehung zwischen Zwillingspaaren verschiedenen Geschlechts, die sich ineinander verlieben, da sie seit ihrer Geburt nie voneinder getrennt waren und keine anderen Freunde hatten (vgl. Frey, 2006, S. 148). Auch andere Schriftsteller wie Jakob und Wilhelm Grimm, Richard Wagner und Erich Kästner wählten Zwillinge als Hauptfiguren. Diese literarischen Werke zeigen Lebenssituationen von Zwillingspaaren – allerdings keine Beschulung.

Forschungsinteresse und Fragestellungen

Mein primär-naives Forschungsinteresse zur Zwillingsbeschulung wurde während meines Kernpraktikums im dritten Mastersemester an einer Grundschule Hamburgs geweckt. An dieser Schule wurden alle Zwillinge und Drillinge grundsätzlich in getrennte Klassen eingeschult. Zu diesem Zeitpunkt konnte ich diese Handlungsweise überhaupt nicht verstehen, da meines Erachtens nach Zwillinge „immer zusammen gehörten". Nach der Einarbeitung in die Materie wollte ich die unterschiedlichen Gründe für „solches" und „jenes" Beschulen erfahren.

Den Beschulungsarten für Zwillinge und Drillinge in einer wohl definierten urbanen Umgebung – der Freien und Hansestadt Hamburg – nachzugehen und sie unter verschiedenen Blickwinkeln zu analysieren und daraus unter Umständen ein geeignetes Einschulungsmodell für die Grundschulen zu kreieren ist Ziel des Beitrags. Dabei wird auf folgende Fragestellungen eingegangen: Unter welchen Gesichtspunkten werden Zwillinge und Drillinge aktuell an Hamburger Grundschulen beschult? Welche Möglichkeiten und Wege führen zu einer „guten" Mehrlingsbeschulung?

Das methodische Design der Untersuchung besteht zunächst aus der theoretischen Durchmusterung der aktuellen Literatur zu Mehrlingen und korrespondierenden Beschulungsvorschlägen. Auf dieser Grundlage wurde ein Fragebogen erstellt, der auf einer Internetplattform zum Ausfüllen einlud. Vorweg wurden Kriterien aufgestellt, die der Fragebogen erfüllen sollte. Hierbei wurde besonders auf den Aufbau und den Umfang geachtet, er sollte die Schulverantwortlichen ästhetisch ansprechen und nicht überfordern[58].

Um eine Gesamtaussage über die Beschulung von Zwillingen und Drillingen in Hamburger Grundschulen treffen zu können, fiel die Entscheidung, eine primärstatistische Datenerhebung als Totalerhebung[59] durchzuführen (vgl. Schöneck/Voß, 2013, S. 27). Durch diese Methode konnten der Sozialindex und die verschiedenen KESS Faktoren berücksichtig werden, sodass Informationen aus jedem Gebiet gewonnen werden konnten, unabhängig davon, ob die Schule in einem sozial schwachen oder sozial starken Stadtgebiet liegt. Um alle Hamburger Grundschulen zu befragen, fiel die Wahl auf einen themenbezogenen Fragebogen mit schriftlicher und mündlicher Befragung. Dazu trat ich mit allen Grundschulen Hamburgs in Kontakt, den Großteil der Schulen besuchte ich jedoch persönlich, mit den anderen Schulen kommunizierte ich über das Internet. Obwohl der Ansatz – auf Grund der Menge der Grundschulen – ein vorwiegend quantitativer[60] war, sollten (wo auch immer möglich) korrespondierende Interviews mit

---

[58] vgl. https://www.uibk.ac.at/iezw/mitarbeiterinnen/seniorlecturer/bernd_lederer/downloads\ newline /quantitativedatenerhebungsmethoden.pdf, S. 14, (Letzter Aufruf: 12.06.2016).

[59] Die schriftlichen Befragungen wurden als Onlineumfrage über eine Internetplattform am 18. und 19. Februar 2016 an 188 staatliche Hamburger Grundschulen verschickt. Zusätzlich erhielten 15 Kommilitoninnen (einschließlich der Forscherin) am selben Tag einen ausgedruckten Fragebogen für ihre damalige Praktikumsschule innerhalb des Kernpraktikums II. Die Befragungen wurden an allen 203 staatlichen Grundschulen in Hamburg durchgeführt.

[60] Die Antworten der befragten Hamburger Grundschulen konnten verschiedenen numerischen Werten zugeordnet werden, sodass eine Auswertung der Befunde mit klassischen statistischen Instrumenten entstehen konnte (vgl. Schöneck/Voß, 2013, S. 28).

Experten[61] (Schulleitungen, Lehrpersonen) erfolgen, um auch einen qualitativen Datenpool zu generieren[62].

Die theoretische und empirische Datenlage lässt letztlich Raum für didaktische und schulorganisierte Ableitungen aus den Forschungsergebnissen und kreiert dadurch ein Beschulungsmodell für Mehrlinge. Abschließend wird ein Fazit der Arbeit die wichtigsten Fakten zusammenfassen und offene Fragen anführen.

Untersuchungsfelder

Die Untersuchung wurde an 203 staatlichen und 5 privaten Grundschulen innerhalb Hamburgs durchgeführt. Das Untersuchungsfeld der 203 Grundschulen setzt sich aus unterschiedlichen Schulversuchen und Lerngruppenorganisationen zusammen, die Einfluss auf die Beschulungsart von Zwillingen und Drillingen nehmen. Den Schulversuch des „Jahrgangsübergreifenden Lernens" führen derzeitig 15 von 203 staatlichen Grundschulen durch. Vier staatliche Hamburger Grundschulen führen die Lerngruppenorganisation der „Sechsjährigen Grundschule" durch, wovon drei Schulen schon beim „Jahrgangsübergreifenden Lernen" wiederzufinden sind (vgl. Behörde für Schule und Berufsbildung, 2016, S.27/28). Neunzehn weitere Grundschulen sind an einer Stadtteilschule angegliedert. Von 203 Grundschulen sind 34 Schwerpunktschulen vorhanden, das bedeutet: „Sie haben langjährige Erfahrung im Umgang mit Kindern/Jugendlichen mit Behinderungen/Beeinträchtigungen [...], sie haben einen barrierefreien Schulaufbau

---

[61] *Ob der besseren Lesbarkeit werden – wenn nicht dezidiert anders angegeben – die maskuline und feminine Form in lockerem Wechsel gebraucht.*
[62] *Ein Zusammenschluss von beiden Formen der Befragung hatte den Vorteil, viele Menschen auf einmal zu kontaktieren. Auch die Gewähr freier Antwortmöglichkeiten ohne Einschränkung und die Nachfragemöglichkeit, die Differenzierung der Antwortmöglichkeiten sowie eine geringe Verweigerungsquote erwiesen sich als nutzbringend.*

[...], sie haben eine besondere Ausstattung im Bezug auf Rückzugsräume [...], die Lehrerinnen und Lehrer arbeiten im Team zusammen mit sonderpädagogischen und sozialpädagogischen Fachkräften [...]" (Behörde für Schule und Berufsbildung, 2016, S. 33).

Das Procedere selbst war hoch different. Einige Schulen sandten sofort den beantworteten Fragebogen zurück und teilten ihr Interesse zur Studie mit. Andere Schulen antworteten bereits nach wenigen Tagen. Wieder andere meldeten sich gar nicht[63]. In der ersten Runde bekam die Forschende (CI) einen Rücklauf von 40 Grundschulen, woraufhin sie nochmals den Umfragelink an alle übrigen Schulen verschickte. Beim zweiten Durchgang antworteten noch weniger Schulen als beim ersten Aufruf[64]. Um eine höhere Rücklaufquote zu bekommen, entschied sich die Forschende dafür, die noch nicht erfassten 144 Hamburger Grundschulen für eine mündliche Befragung mittels Fragebogen persönlich zu besuchen. Befragt wurden Mitarbeiter der jeweiligen Grundschulen, die eine der folgenden Positionen innerhalb der befragten Grundschulen ausübten: Sekretärin/Sekretär, Schulleiterin/Schulleiter und Lehrerin/Lehrer. Bei allen Befragten während der Untersuchung war der Grad der Kooperation abhängig von der jeweiligen Position, dem zeitlichen Rahmen und der jeweiligen Kompetenz meines (CI) Gegenübers.

Inhaltlich weisen die retournierten Bögen große Unterschiede auf. Einige Antworten waren sehr umfangreich und tiefgehend. Andere Grundschulen beantworteten nur die ersten Fragen und brachen anschließend die schriftliche Befragung ab. Beim genaueren Betrachten deutete sich an, dass sich eine Reihe der Grundschulen den Fragebogen nicht angesehen hatte.

---

[63] *Eine Reihe von Schulen brachten zum Ausdruck, dass sie derzeitig keine Zeit für eine Befragung hätten und baten um eine nochmalige Erinnerung per Mail, woraufhin meistens keine Rückantwort von der jeweiligen Schule kam.*
[64] *Unter diesen Schulen befanden sich auch ein paar Grundschulen, die mir (CI) sofort ihre Verweigerung dieser Befragung mitteilten.*

Insgesamt nahmen in dem Zeitraum von fast drei Monaten 190 Grundschulen aktiv an der Studie teil. Die übriggebliebenen Schulen antworteten auch auf nachfolgende mehrfache Kontaktaufnahmen nicht oder signalisierten strikt, dass sie nicht an der Studie teilnehmen wollten.

Erhebungsinstrumente und Auswertungsmethoden

Als Instrument für die Datenerhebung wurde ein Fragebogen verwendet, der in sechs verschiedene Themenbereiche gegliedert war: Vorstellung der Forschenden und der Forschungsarbeit, Kontaktdaten der Schule, aktuell beschulte Zwillinge und Drillinge, Beschulungsart von Zwillingen und Drillingen, Gründe für die Beschulungsart und den Abschluss. Der Fragebogen wurde vor der eigentlichen Befragung von der damaligen Praktikumsschule der Forschenden getestet, wodurch sichtbar wurde, wo eventuelle Schwierigkeiten in der Beantwortung der Fragen auftreten könnten.

Neben der Umfrage führte ich (CI) drei offene, dicht dokumentierte Interviews mit Eltern von ein- und zweieiigen Zwillingen sowie einem erwachsenen zweieiigen Zwilling durch, um eine von den Schulen aufgeführte Kategorie zu verstehen und zu stützen.

Nach der Datenerhebung kam es zur Verschriftlichung der Aussagen aus den mündlichen Befragungen mittels der Methode des zusammenfassenden Protokolls. Dabei wurden die Teilaspekte innerhalb der mündlichen Befragung zusammengefasst und digitalisiert. Im Anschluss wurden die quantitativen empirischen Daten statistisch ausgewertet[65]. Alle staatlichen Hamburger Grundschulen wurden mittels aufsteigenden römischen Ziffern und

---

[65] vgl. https://www.uibk.ac.at/iezw/mitarbeiterinnen/senior-lecturer/bernd_lederer/downloads\ newline /quantitativedatenerhebungsmethoden.pdf, S. 18, (Letzter Aufruf: 12.06.2016).

die privaten Hamburger Grundschulen mit griechischen Buchstaben entsprechend der gesetzlichen Bestimmungen anonymisiert. Nach der Aufbereitung der empirischen Daten folgte die quantitative Inhaltsanalyse der Kommunikationsinhalte aus den mündlichen Befragungen (vgl. hier Atteslander, 2010, S. 195). Die gewonnenen statistischen Daten wurden mit Hilfe von Kategorienbildung (Transformationsregeln) analysiert, welche induktiv durch die Befragungen gewonnen wurden. Hierbei wurden Kommunikationsinhalte in numerische Informationen transformiert (vgl. Atteslander, 2010, S. 204).

Die statistischen Befragungsdaten werden als deskriptive Statistik bezeichnet. Da die Datenerhebung einzelne Aspekte der Mehrlingsbeschulung umfasst, wurde die „Auswertung einzelner Merkmale" bevorzugt. Auf diese Weise können die Aussagen der einzelnen Grundschulen in Beziehung gesetzt und abstrahiert werden. Speziell wird die Form der „Beschreibenden Auswertung" verwendet, da einerseits kategorisierte Daten vorhanden sind und andererseits eine graphische Umsetzung der erhobenen Daten erfolgt (vgl. Atteslander, 2010, S. 306). Anschließend kann die Interpretation der Ergebnisse mit einer Zusammenführung und Verknüpfung der vorhandenen Forschungsergebnisse stattfinden.

Darstellung der Ergebnisse

Zur Anzahl der Zwillinge und Drillinge an Hamburger Grundschulen

In der ersten Frage des Fragebogens sollte Auskunft über die derzeitige Beschulung von Zwillingen und Drillingen gegeben werden. Die staatlichen Grundschulen antworteten auf folgende Fragestellung, „Werden derzeitig an Ihrer Schule Zwillinge und/oder Drillinge unterrichtet?" wie folgt:

	Ja	Nein	Weiß nicht	Keine Angaben
Anzahl der Schulen	170	19	1	13

Tabelle 1: Anzahl der staatlichen Hamburger Grundschulen, die Zwillinge und Drillinge aktuell beschulen

Diese Werte zeigen, dass 170 von 203 staatlichen Hamburger Grundschulen im Schuljahr 2015/2016 Zwillinge und/oder Drillinge beschulten. Des Weiteren werden derzeitig an 19 von 203 Grundschulen keine Zwillinge und/oder Drillinge beschult. Die Grundschule XVII wusste nicht, ob bei ihnen aktuell Zwillinge und/oder Drillinge beschult werden. An der schriftlichen und mündlichen Befragung nahmen 13 von 203 Grundschulen nicht teil[66].

Die folgende Graphik wird über die prozentuale Verteilung der Zwillings- und Drillingsbeschulung an allen staatlichen Hamburger Grundschulen informieren.

Abb. 1: Verteilung der Zwillingsbeschulung an den staatlichen Hamburger Grundschulen

---

[66] *Gründe für die Nichtteilnahme: Sekretärinnen und Sekretäre bzw. Schulleiterinnen und Schulleiter hatten "keine Zeit" für eine Befragung oder nahmen "grundsätzlich nicht an Studien von Studierenden" teil. Andere Schulen konnten nicht auf die gestellten Fragen antworten und reagierten auch nicht auf spätere E-Mails. Diese Schulen wurden von der Autorin insgesamt vier bis fünf Mal kontaktiert. Die nicht teilnehmenden Grundschulen werden statistisch als Schulen, die keine Angaben gemacht haben, aufgeführt. Diese Schulen sind für die gesamte Schüleranzahl an allen Hamburger Grundschulen im späteren Verlauf interessant, wobei es durch die verweigerten Angaben zu einer ungenauen Anzahl von Zwillingen und Drillingen kommt. Es kann für diese Totalstudie nicht sichergestellt werden, ob an diesen Schulen Zwillinge und/oder Drillinge beschult werden. Für den weiteren Verlauf muss davon ausgegangen werden, dass sie keine Zwillinge und Drillinge beschulen. Die Schulen: CXCVI, CLXXXVIII, XCIV, CXCVIII, CXCIX, CXCVII, CLXXXVII, CC, CCI, CCII, XCVI, XCV und CCIII nahmen nicht an der Studie teil. Sie werden allerdings bei den Hamburger Schülerzahlen berücksichtigt.*

Das Kreisdiagramm stellt prozentual alle staatlichen Grundschulen Hamburgs dar. Der blaue Bereich stellt alle Grundschulen dar, die im Schuljahr 2015/2016 Zwillinge beschulten. Diese Teilmenge von Schulen nimmt einen prozentualen Anteil von 84 % ein. Alle Schulen, die im Schuljahr 2015/2016 keine Zwillinge beschulten, bilden mit 9 % den Sektor in der orangenen Farbe. Der graue Sektor stellt mit einem Prozent jene Menge aller Schulen dar, die nicht wissen, ob sie Zwillinge unterrichten. Der gelbe Sektor umfasst mit 6 % alle Grundschulen, die nicht an der Studie teilgenommen haben.

Über drei Viertel aller staatlichen Hamburger Grundschulen beschulen aktuell Zwillinge. Wie steht es um die privaten Grundschulen der Hansestadt?

	Ja	Nein	Weiß nicht	Keine Angaben
Anzahl der Schulen	2	3	0	0

Tabelle 2: Anzahl der privaten Schulen, die Zwillinge und Drillinge aktuell beschulen

Anhand der Werte innerhalb der Tabelle wird sichtbar, dass sich die Verteilung von der Zwillingsbeschulung innerhalb der privaten Hamburger Grundschulen anders verhält. Prozentual gesehen, nimmt die Zwillingsverteilung ab, sodas (in dem kleinen Untersuchungssektor) 60 % (orange fabener Sektor) der untersuchten Privatschulen keine Zwillinge und 40 % (blau farbener Sektor) der Privatschulen Zwillinge beschulen.[67]

Abb. 2: Verteilung der Zwillingsbeschulung an den privaten Hamburger Grundschulen

Bisher wurde nahezu durchgehend über die Zwillingsverteilung in Hamburger Grundschulen gesprochen. An dieser Stelle erfolgt ein Blick auf die Verteilung der Drillinge, die an staatlichen Hamburger Grundschulen unterrichtet werden. Dazu wird auf die Werte der Tabelle 1 zurückgegriffen. Unter den 170 Schulen, die angegeben haben sie würden Zwillinge und/oder Drillinge beschulen, befinden sich 5 staatliche Hamburger Grundschulen, die Drillinge unterrichten. Daraus lässt sich schließen, dass 184 Grundschulen keine Drillinge unterrichten.

---

[67] *In diesem Zusammenhang ist der Forscherin durchaus bewusst, dass fünf Schulen als Referenzwert durchaus zu wenig sind. Allerdings wird im späteren Verlauf diese Anzahl nicht ins Gewicht fallen und soll an dieser Stelle lediglich einen Kontrast aufzeigen.*

Prozentual lässt sich das wie folgt darstellen:

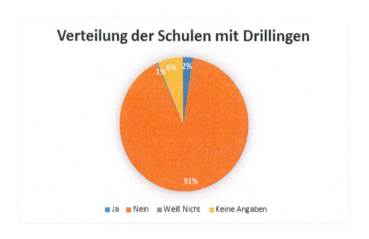

Abb. 3: Verteilung der Drillingsbeschulung an den staatlichen Hamburger Grundschulen

Der große orangefarbene Anteil mit 91 % stellt die Schulen ohne Drillinge dar. Der blaue Sektor bildet mit 2 % die Schulen mit Drillingen ab. Alle anderen prozentualen Werte gleichen der Abbildung 1. Formal lässt sich konstatieren, dass im Schuljahr 2015/2016 jede zweite Schule Zwillinge und/oder Drillinge unterrichtet hat.

Da im Vorfeld stets über die Anzahl der Schulen, die Zwillinge und/oder Drillinge beschulen, geschrieben wurde, soll es im nächsten Abschnitt um die derzeitige Zwillings- und Drillingsanzahl an diesen Grundschulen gehen. Um eine genaue Aussage treffen zu können, wurden in den staatlichen Hamburger Grundschulen die Zwillingspaare und Drillingstriplets gezählt.

Die folgende Tabelle fasst die erhobenen Werte zusammen:

	Jungenpaare	Mädchenpaare	Pärchen	Gesamtanzahl
Anzahl der Schulen	159	166	161	520

Tabelle 3: Anzahl der aktuellen Zwillingspaare in den staatlichen Hamburger Grundschulen

Die dargestellte Tabelle zeigt die gesamte Anzahl aller Zwillingspaare, die an den staatlichen Hamburger Grundschulen im Schuljahr 2015/2016 unterrichtet wurden. Die Gesamtanzahl von 520 Zwillingspaaren setzt sich aus den 159 männlichen, den 166 weiblichen, den 161 gemischt geschlechtlichen Zwillingspaaren und 34 Zwillingspaaren ohne geschlechtliche Zuordnung[68] zusammen. Daraus ist erkennbar, dass die Geschlechterverteilung der Zwillingspaare in den Hamburger Grundschulen ungefähr gleich groß ist. Exklusiv bleibt die Anzahl der Schulen, die nicht an der Befragung teilnahmen. Diese Schulen könnten auch noch Zwillinge unterrichten und somit die Anzahl der einzelnen Geschlechter erhöhen.

Prozentual wird die Verteilung der Zwillingsgeschlechter wie folgt dargestellt:

---

[68] *Über die Zwillingspaare ohne geschlechtliche Zuordnung konnten keine genaueren Informationen gesammelt werden, da die Schulen lediglich die Gesamtanzahl der Zwillingspaare benannten, nicht aber deren Geschlechter. Einige Schulen bemängelten in diesem Zusammenhang das Aktenprogramm der Computer, da es keine Filterfunktion für Zwillinge oder Geschwister gab.*

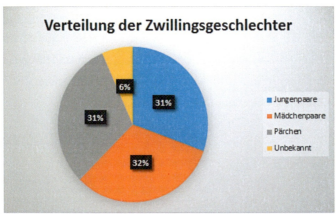

Abb. 4: Verteilung der Geschlechter aller Zwillingspaare an den staatlichen Hamburger Grundschulen

Anhand der Abbildung 5 ist erkennbar, dass die Geschlechterverteilung der Zwillinge an den staatlichen Hamburger Grundschulen mit 31 % bei den Jungenpaaren (blau) und Pärchen (grau), bzw. 32 % bei den Mädchenpaaren (orange), nahe beieinander liegen. Der dargestellte gelbfarbene Sektor stellt mit 6% die unbekannt geschlechtlichen Zwillingspaare dar. In diesem Zusammenhang wird die Eiigkeit der Zwillinge dargestellt. Die folgende Tabelle soll einen näheren Überblick geben.

Anzahl eineiige Jungen	Anzahl zweieiige Jungen	Anzahl eineiige Mädchen	Anzahl zweieiige Mädchen	Anzahl Zwillingspärchen
77	19	84	25	161

Tabelle 4: Anzahl der Eiigkeit der Zwillingspaare an den staatlichen Hamburger Grundschulen

Die Tabelle 4 gibt die Anzahlen der einzelnen Geschlechter in Zusammenhang mit der Eiigkeit der Zwillingspaare an. Es wurden die Bereiche der ein- und zweieiigen Jungen, der ein- und zweieiigen Mädchen, sowie der Zwillingspärchen angegeben. Diesbezüglich muss noch einmal erwähnt werden, dass Zwillingspärchen auch zweieiige Zwillinge sind, die hier extra erfasst wurden. Insgesamt konnte die Eiigkeit von 366 Zwillingspaaren bestimmt werden, die sich aus 77 eineiigen männlichen Zwillingspaaren, 19 zweieiigen männlichen Zwillingspaaren, 84 eineiigen weiblichen Zwillingespaaren, 25 zweieiigen weiblichen Zwillingspaaren, sowie 161 Zwillingspärchen zusammensetzt. Bei den restlichen 154 Zwillingspaaren konnte die Eiigkeit nicht festgestellt werden, da dieses Detail nicht in den Schülerakten aufgeführt werden muss[69].

Aus diesen Informationen ließ sich folgende Grafik entwickeln:

Abb. 5: Verteilung der Eiigkeit aller Zwillinge an den staatlichen Hamburger Grundschulen

---

[69] *Zum anderen sind nicht alle Kinder bei Schulleiterinnen bzw. den Sekretären bekannt.*

Es ist erkennbar, dass an allen staatlichen Hamburger Grundschulen 15 % eineiige Jungenpaare (hellblau) und 4 % zweieiige Jungenpaare (orange) im Schuljahr 2015/2016 beschult wurden. Der graue Sektor stellt mit 16 % die eineiigen Mächenpaare dar. Die zweieiigen Mädchenpaare sind mit 5 % im gelbfarbenen Sektor wiederzufinden. Den größten Anteil besitzen mit 31 % die gemischten Zwillingspärchen. Der zweitgrößte Sektor mit 29 % in dunkelgrüner Farbe zeigt die nicht nominierten Kinder. Anhand dieses Kreisdiagramms ist erkennbar, dass es mehr zweieiige- als eineiige Zwillingspaare an den staatlichen Hamburger Grundschulen gibt. Es existieren von den gleichgeschlechtlichen Zwillingen mehr eineiige als zweieiige Zwillinge.

In den staatlichen Hamburger Grundschulen werden 520 Zwillingspaare unterrichtet. Wie viele Drillingstriplets aber werden in den staatlichen Hamburger Grundschulen unterrichtet und wie sieht deren geschlechtliche Verteilung aus? Im Schuljahr 2015/2016 wurden an den staatlichen Hamburger Grundschulen fünf Drillingstriplets beschult.

Schulen	Anzahl eineiige Jungen	Anzahl zweieiige Jungen	Anzahl eineiige Mädchen	Anzahl zweieiige Mädchen
V	0	2	0	1
XXXXVII	0	2	0	1
LIV	0	2	0	1
LXXXIII	0	2	0	1
CLVI	0	0	2	1

Tabelle 5: Anzahl der Geschlechterverteilung bei Drillingen in den untersuchten staatlichen Hamburger Grundschulen

Vier der fünf Drillingstriplets bestehen aus zwei zweieiigen männlichen Paaren und einem einzelnen Mädchen. Auch ist erkennbar, dass aktuell einmal weibliche Drillinge, die eine gemischte Eiigkeit aufweisen, in den staatlichen Hamburger Grundschulen beschult werden.

Beschulungsarten von Zwillingen und Drillingen

Mit Hilfe der beschreibenden Auswertung soll herausgefunden werden, welche Beschulungsarten aktuell an den staatlichen Hamburger Grundschulen verwendet werden und wie sich die Verteilung der jeweiligen Beschulungsart verhält. Diesbezüglich wurde eine Stichprobe aus den privaten Hamburger Grundschulen als Vergleichswert herangezogen.

Die zweite Frage des verwendeten Fragebogens sollte Auskunft über die derzeitig bevorzugte Beschulungart von Zwillingen und Drillingen geben. Die staatlichen Grundschulen antworteten auf die Fragestellung: „Wie gehen Sie bei der Einschulung der Zwillinge/ Drillinge vor? Findet eine Aufteilung auf verschiedene Klassen statt oder werden sie in dieselbe Klasse eingeschult?" wie folgt:

	Darüber haben wir nicht nachgedacht	Klassen-Trennung	Keine Klassen-Trennung	Trennung / Keine Trennung	Keine Angaben
Anzahl der Schulen	0	53	7	117	26

Tabelle 6: Die Beschulung von Zwillingen und Drillingen in staatlichen Hamburger Grundschulen

Es sind fünf verschiedene Kategorien erkennbar. Als erstes sind die Schulen angegeben, die sich über die Beschulungsart von Mehrlingen keine Gedanken gemacht haben. In dieser Rubrik ist keine staatliche Hamburger Grundschule wiederzufinden. Als nächstes wurden die Schulen aufgeführt, die für eine „Klassen-Trennung" der Zwillinge plädieren. Dafür entschieden sich 53 Grundschulen. Der dritte Bereich favorisiert „keine Klassen-Trennung". Für diese Beschulungsart entschieden sich sieben von 203 Hamburger Grundschulen. Den größten Anteil mit 117 Zustimmungen belegt der Bereich, der keine Festlegung auf Klassen-Trennung oder keine Klassen-Trennung angibt. Das finale Tabellenglied schließlich gibt die

Grundschulen an, die diese Frage nicht beantworteten oder nicht an der Umfrage teilnahmen.

Das folgende Kreisdiagramm verdeutlicht die prozentuale Verteilung der Beschulungsarten.

Abb. 6: Verteilung aller Beschulungsarten an den staatlichen Hamburger Grundschulen

In diesem Kreisdiagramm über die Verteilung der Beschulungsarten von Zwillingen und Drillingen in staatlichen Hamburger Grundschulen stellt der hellblau farbene Sektor mit 0 % jene Grundschulen dar, die sich noch nie über die Beschulung von Mehrlingen Gedanken machten. Der graue Sektor verdeutlicht mit 4 % die Grundschulen Hamburgs, welche sich für keine Klassen-Trennung von Mehrlingen aussprechen. Der orangefarbene Bereich stellt mit 26 % alle Grundschulen dar, die sich für eine Klassen-Trennung von Mehrlingen aussprachen. Der größte Kreissektor wurde gelb dargestellt und gibt mit 58 % den Anteil von allen Grundschulen an, die sowohl eine Klassen-Trennung und auch keine Klassen-Trennung der

Mehrlinge in Erwägung zogen. Es wird deutlich, dass über die Hälfte der staatlichen Hamburger Grundschulen diese Entscheidung der Beschulungsart teilen. Der letzte, dunkelblau markierte Sektor beschreibt alle Grundschulen, die nicht an der Studie teilnahmen oder die Frage nicht beantworteten.

Wenn sich die Verteilung der staatlichen Hamburger Grundschulen so darstellt – welche Beschulungsarten wurden von den privaten Hamburger Grundschulen präferiert? Die nachfolgende Tabelle beantwortet diese Frage.

	Darüber haben wir nicht nachgedacht	Klassen-Trennung	Keine Klassen-Trennung	Trennung/ keine Trennung	Keine Angaben
Anzahl der Schulen	0	2	2	1	0

Tabelle 7: Die Beschulung von Zwillingen und Drillingen an privaten Hamburger Grundschulen

Die dargestellte Tabelle hat dieselbe Anordnung wie die der staatlichen Hamburger Grundschulen in Tabelle 6. Der Unterschied in der Kohortengröße – die kleine Stichprobe ist deutlich erkennbar. Alle beteiligten privaten Hamburger Grundschulen machten sich Gedanken über die Beschulungsarten der Mehrlinge. Die zweite Spalte sagt aus, dass sich jeweils zwei Schulen für die Klassen-Trennung und für keine Klassen-Trennung aussprachen. Eine private Grundschule entschied sich für das sowohl-als-auch.

Das folgende Kreisdiagramm soll die vorhandenen Werte prozentual verdeutlichen.

Abb. 7: Verteilung aller Beschulungsarten an den staatlichen Hamburger Grundschulen

Die blau und orange farbenen Sektoren sind mit 40 % identisch und stellen die Bereiche der Klassen-Trennung oder keine Klassen-Trennung dar. Der grau farbene Bereich spiegelt mit einem prozentualen Anteil von 20 % die Menge aller Schulen wieder, die für eine Klassen-Trennung und keine Klassen-Trennung plädieren.

Kategorienbildung

Jede Schule beschäftigte sich – wenn auch mit unterschiedlicher Konklusion – mit der Beschulung von Mehrlingen. Wieso aber entschieden sich die befragten Grundschulen für die jeweilige Beschulungsart? Um diese Frage beantworten zu können, müssen die eben beschriebenen Kategorien näher bestimmt werden. Final soll damit eine Einordnung von Entscheidungsgründen der jeweiligen Schulen entstehen.

Die Kategorien wurden induktiv durch die Aussagen der Grundschulen erhoben. Es wurden Bereiche geöffnet, zu denen bestimmte Gründe der Beschulungsarten zugeordnet werden konnten. Diese Zuordnung erfolgte durch die Bestimmung und Beschreibung von zwölf Kategorien.

Die erste Kategorie wurde als Persönliche Erfahrungen[70] bezeichnet. Diese Kategorie schließt alle Aussagen von Schulen ein, denen sich der/die Schulleiter/in bzw. Lehrperson/en selbst als Zwilling oder Drilling zu erkennen gaben. Diese Befragten begründeten die Wahl der Beschulungsart mit ihren eigenen Erfahrungen als Kind innerhalb ihrer Grundschulzeit.

Die zweite Kategorie nennt sich Konkurrenz. Innerhalb dieser Kategorie werden Unterscheidungen getroffen. Zum einen schließt sie alle Antworten ein, die sich auf das Konkurrenzverhalten[71] im Hinblick auf schulische Leistungen oder/und jeweilige Fähigkeiten der Zwillinge und Drillinge beziehen. Zum anderen werden in diese Kategorie dominante Verhaltenswei-

---

[70] Diese Kategorie konnte in der Literatur nicht wiedergefunden werden. Allerdings bezogen sich Züllig (vgl. 2012) und Bryan (vgl. 1994) in ihrer Datenerhebung ebenfalls auf die Erfahrungen von Zwillingspaaren und deren Familien mit ihren persönlichen Lebenssituationen.
[71] Vgl. hier die Abschnitte ‚gegenseitige Abhängigkeit', ‚sowie ‚Konkurrenzverhalten' (Trautmann/Ihde 2017, S. 60 und 63 in diesem Band).

sen[72] vom einzelnen Zwilling oder Drilling gegenüber seinem Geschwister eingeordnet.

Die dritte Kategorie heißt Elternwunsch. Innerhalb dieser Kategorie sind die Schulen zu finden, die die jeweiligen Eltern von Zwillingen und Drillingen entscheiden lassen, ob die Kinder in gemeinsame oder getrennte Klassen eingeschult werden sollen.

Die Kategorie Kooperation mit KiTa beinhaltet alle Schulen, die vor der Einschulung von Zwillingen oder Drillingen Kontakt zu den jeweiligen Kindertagesstätten[73], Kindergärten etc. aufnehmen und sich bei Erzieherinnen und Erziehern über die jeweiligen Zwillinge und Drillinge informieren. In diesen Gesprächen werden Erfahrungen und Verhaltensweisen übermittelt, wodurch die Grundschulen eine geeignete Beschulungsart finden können.

Die fünfte Kategorie wird als Kooperation mit VSK[74] bezeichnet. Diese Kategorie schließt alle Schulen ein, die zum einen innerhalb ihrer Schule Vorschulklassen integrieren und zum anderen Vorschulklassen vor der Einschulung in die Grundschule kontaktieren. Innerhalb der Vorschulklassen kann die Entwicklung und der Umgang der Mehrlinge miteinander beobachtet werden. Wenn die Schule mit den Lehrerinnen und Lehrern bzw. den Erzieherinnen und Erziehern kooperiert, dann erhält die Schule Informationen, die ihr bei der Beschulungsentscheidung weiterhelfen können.

Die sechste Kategorie konturiert die Individuelle Entwicklung. Dieser Domäne werden alle Gründe zugeordnet, die sich mit der Genese von Mehrlingen befassen und somit zur Entwicklung einer eigenen Persönlichkeit führen. Es wird besonders auf die körperliche, geistige, sprachliche

---

[72] *Vgl. Kapitel Abhängigkeit, sowie die Abschnitte Fehlende Eigenverantwortung und Privatsphäre.*
[73] *Diese Kategorie wird durch das Hamburger Schulgesetz der Behörde für Schule und Bildung gedeckt, siehe hier Kapitel: Rahmendes.*
[74] *Als einziges Bundesland unterhält die Freie und Hansestadt Hamburg Vorschulklassen.*

und emotionale Entwicklung[75] eingegangen. Zur geistigen Entwicklung werden Kompetenzen zum autonomen Aufbau eines Freundeskreises zugeordnet.

Die siebente Kategorie stellt die schulischen Erfahrungswerte dar. In diesem Bereich werden alle Schulen aufgenommen, die kasuistische „Geschichten" der Mehrlingsbeschulung aufweisen können. Dabei kann es sein, dass innerhalb ihrer Schule Zwillinge oder Drillinge unterrichtet wurden, die ausschlaggebende Verhaltensweisen mit sich brachten. Aufgrund dieser Erfahrungen[76] veränderte die Schule ihre Beschulungsart oder behielten die ursprüngliche bei. Diese Schulen antworteten im Forschungsdialog stets mit der Formel: „Wir haben die Erfahrung gemacht..." oder „Unseren Erfahrungen nach..."

Die achte Kategorie wird mit Sicherheit der Kinder etikettiert. Diese Kategorie beinhaltet alle Schulen, die angaben: Die Mehrlinge geben einander Sicherheit[77] im Schulalltag.

Als Individuelle Wahrnehmung wird jene Kategorie deklariert, mit der die Schulen ihren Blick für das Individuum dokumentieren. Diese Schulen wollten die Zwillinge nicht als „Zwilling", sondern als individuelle Persönlichkeit wahrnehmen. Zu dieser Kategorie[78] gehören auch die Schulen, die – etwa durch Klassentrennung – ähnlich ausssehende Zwillinge optisch besser auseinander halten wollen, um sie mit ihren eigenen Namen ansprechen zu können und nicht mit dem Namen des Bruders oder der Schwester.

---

[75] *Diese Kategorie kann durch die Aussagen zur körperlichen, geistigen, sprachlichen und emotionalen Entwicklung gestützt werden (vgl. Trautmann/Ihde 2017, S. 47 in diesem Band).*
[76] *Diese Kategorie kann durch Literatur primär nicht gestützt werden. Es fehlen Untersuchungen, die empirische Daten liefern könnten. Züllig (2012) weist darauf hin, dass korrespondierende Aussagen von Lehrerinnen und Lehrern zu dieser Thematik festgehalten werden.*
[77] *Diese Kategorie kann durch die Aussage von Bryan 1994, S. 65 gestützt werden.*
[78] *Diese Kategorie wird durch die Aussagen zum gegenseitigen Vergleichen gestützt (vgl. Trautmann/Ihde 2017, S. 66 in diesem Band).*

Die nächste Kategorie wird Individuelle Förderung benannt. Diese Kategorie beinhaltet Grundschulen, die davon überzeugt sind, dass ein einzelnes Kind aus einer Mehrlingsgeburt stets benachteiligt aufwächst[79]. Die Schulen wollen die benachteiligten Kinder individuell in ihrer Entwicklung fördern. Innerhalb dieser Kategorie wird davon ausgegangen, dass jeder Zwilling individuelle Förderung in Anspruch nehmen sollte, um sich selbständig zu entwickeln.

Die vorletzte Kategorie wird Förderschwerpunkt genannt. In diesem Bereich agieren Schulen, die bei der Beschulungsart dezidiert die Förderung von Zwillingen und Drillingen berücksichtigen. Je nach Förderschwerpunkt[80] findet eine Klassen-Trennung oder keine Klassen-Trennung statt.

Die letzte Kategorie stellt gleichzeitig die komplexeste aller Kategorieebenen dar. Sie wird daher als Individuelle Situation bezeichnet und unterteilt sich in viele verschiedene Bereiche. Folgende Schulen finden sich in diesem Bereich wieder:

- Schulen, die kasuistisch den individuellen[81] Mehrlingsfall berücksichtigen (z.B. Wie gehen die Mehrlinge miteinander um? Gab es einen familiären Vorfall, der die Mehrlinge in ihrer Entwicklung behindern könnte? Wie sieht die familiäre Situation aus? Ist einer der Mehrlinge durch eine Krankheit oder Behinderung in seinen Handlungen beeinträchtigt?)

---

[79] *Diese Kategorie resultiert aus dem Abschnitt Körperliche Entwicklung (Trautmann/Ihde 2017, S. 66 in diesem Band).*
[80] *Diese Kategorie wurde induktiv durch die Aussagen der Schulen gebildet und kann nicht durch Literatur gestützt werden.*
[81] *Vgl. Trautmann/Ihde 2017, S. 34; 44, 51, 58 und 62 in diesem Band*

- Schulen, die so klein sind, dass sie eine einzügige[82] Beschulung vornehmen. Diese Schulen haben gar nicht die Möglichkeit einer Klassen-Trennung.

- Schulen, die aus organisatorischen Gründen Klassen-Trennungen (bzw. keine) vornehmen. Gründe dafür sind u.a. eine gleiche Klassenstärke (Schüleranzahl) oder eine gerechte Verteilung der Jungen- und Mädchenrate.

- Schulen, deren Eltern einen erleichterten organisierten Tagesablauf haben wollen.

- Schulen, welche die Mehrlinge schon bei der viereinhalbjährigen[83] Untersuchung kennenlernten und aus jenen Beobachtungen eine Entscheidung treffen.

- Schulen, die ein bestimmtes Beschulungsmodell entwickelten, bei dem sie die Mehrlinge beobachten können und anhand dessen eine Beschulungsart wählten.

- Schulen, welche die Beratungen von Ärzten und Psychologen in Anspruch nehmen.

- Schulen ohne nötige Barrierefreiheit, um z.B. auch den zugehörigen beeinträchtigten Zwilling/ Drilling zu beschulen.

---

[82] *Vgl. Trautmann/Ihde 2017 S.44 in diesem Band*
[83] *Ein genau terminiertes Vorstellungsverfahren der Viereinhalbjährigen in der Grundschule. Es dient zur Beratung und zum Informationsaustausch zwischen Eltern und den Lehrpersonen der Grundschule. Dabei werden mittels eines Gesprächs und bestimmter Tests verschiedene Kompetenzen der Kinder betrachtet, um festzustellen, ob ein Förderbedarf besteht.*
(vgl. vertiefend http://www.hamburg.de/bsb/monitoring-evaluation-diagnoseverfahren/4025966/ artikel-vorstellung-4-5-jaehrigen/ (Letzter Aufruf: 05.08.2016).

Gründe für die gewählte Beschulung von Zwillingen und Drillingen

In diesem Abschnitt werden die oben gebildeten Kategorien und die Beschulungsarten zusammengeführt. Für jede einzelne Beschulungsart werden die jeweiligen Kategorien in Form von kommunizierten Gründen aufgeführt. Es gibt eine Reihe von Schulen, die nicht nur einen Grund für ihre Beschulungsart angaben, sondern drei, vier oder sogar fünf [84]. Zur genaueren Darstellung werden die Beschulungsarten einzeln veranschaulicht[85].

Vorausgeschickt werden muss die Existenz eines Spannungsfeldes, in dem sich die Gewährsaussagen der Schulen befinden. Da Entscheidungen meist nicht nur eindimensional gefällt werden sondern sich aus unterschiedlichen Gründen speisen befinden sich hier m.e. noch brach liegende (weil nicht erkannte) Potenziale für eine kindgemäße Einschulungsform im standby Modus. Diese Erfahrungen qualitativ abzubilden könnte Das Ziel weiter gehender Forschungen sein.

In der folgenden Tabelle werden die gebildeten Kategorien und die Anzahl der staatlichen Grundschulen mit dem jeweiligen Beschulungsgrund gegenübergestellt.

---

[84] *Im Anhang sind tabellarisch alle Schulen mit ihrer Beschulungsart und Begründung aufgeführt.*
[85] *Hier können nicht alle Schulen in toto zitiert werden. Es wurde daher für jede Kategorie mindestens ein exemplarisches Beispiel bereitgestellt.*

Kategorien	Anzahl der Schulen
Individuelle Wahrnehmung	4
Schulische Erfahrungswerte	12
Individuelle Förderung	2
Individuelle Entwicklung	28
Förderschwerpunkte	2
Konkurrenz	14
Elternwunsch	23
Individuelle Situation	12
Persönliche Erfahrungen	2
Kooperation mit VSK	1

Tabelle 8: Kategorien für die Klassen-Trennung von Zwillingen und Drillingen in staatlichen Hamburger Grundschulen

Im Schuljahr 2015/2016 entschieden sich vier Grundschulen aufgrund von individueller Wahrnehmung für eine getrennte Beschulung von Mehrlingen. Die Schule II[86] argumentierte in diesem Kontext: „Zwillinge werden zusammen stets weniger individuell wahrgenommen." Die Schule LXXXV unterstützte dieses Argument: „Wir möchten, dass die Lehrer und Eltern mitbekommen, dass Zwillinge als zwei Individuen wahrgenommen werden [...]." (A.2., LXXXV)

Bei zwölf Schulen spielten für die Klassen-Trennung schulische Erfahrungswerte eine entscheidene Rolle. Eine dieser Grundschulen war Schule XV. Dort argumentierte man: „Wir haben die Erfahrung gemacht, dass sich die Zwillinge besser entfalten können, wenn sie in unterschiedlichen Klassen unterrichtet werden." Andere Schulen antworteten ähnlich: „Wir haben in den vergangenen Jahren so unsere Erfahrungen gemacht, dass [...]", oder „Unserer Erfahrung nach [...]" (A.2., XV, CLXXXIV, CLXXII).

Die Kategorie individuelle Förderung war bei zwei Schulen ausschlaggebend. Die Schule XVI begründete dies mit folgenden Worten: „[...] Eine Förderung ist oft nötig, daher bevorzugen wir die Trennung am Vormittag [...]" (A.2., XVI).

28 Schulen argumentierten gegen die Trennung von Zwillingen mit der Kategorie Individuelle Entwicklung. Die Schule XXVIII begründete ihre Beschulungsart so: „[...] Wir wollen den Kindern eine eigenständige Entwicklung und Aufbau des Freundeskreises ermöglichen [...]" (A.2., XXVIII). Die Wortlaute anderer Schulen waren ähnlich angelegt. Die Schule CLX beschrieb folgende Situation: „Wir trennen, da sich die Zwillinge immer gegenseitig haben und eng aneinander kleben [...]" (A.2., CLX).

Eine Klassen-Trennung wurde zwei Mal auch mit den Förderschwerpunkten in Verbindung gebracht. Die Grundschule XXXIX entschied sich für die Klassen-Trennung dadurch, dass „Die Mädchen [...] sofort sozial –

---

[86] Im Anhang ist jede einzelne Schule mit ihren individuellen Aussagen dargestellt.

emotional und lerngestört [*auffielen*], [*aufgrund der*] Probleme, die das mit sich brachte, sollten [*sie*] auf zwei Klassen verteilt werden" (A.2., XXXIX). Die Schule XV argumentierte: „Wenn ein Förderbedarf im Lernen oder der Sprache vorliegt, werden Zwillinge ggf. getrennt" (A.2., XV).

Die Kategorie Konkurrenz erhielt vierzehn Zusprüche. Diese Schulen brachten folgende Argumente vor: „Der meist schwächere Zwilling wird oft vom anderen dominiert" (A.2., XVI), „[...], vor allem [*gibt es*] Konkurrenz um Freunde und Leistungen" (A.2., XXVIII), oder „[...] da hat der Bruder nicht mehr gesprochen, sondern die Schwester hat für ihn komplett das Sprechen übernommen. Sie war so dominant, dass er keine Entfaltungsfreiheit mehr hatte [...]" (A.2.,CLX).

Die Antworten von zwölf Schulen lassen sich der Kategorie Individuelle Situation zuordnen. Die Schule XCII gab an: „Das hat organisatorische Gründe" (A.2, XCII). Die Schule CIX betrachtete jedes Zwillingspaar individuell, ist jedoch grundsätzlich für eine Klassen-Trennung (A.2., CIX).

Zwei Schulen entschieden sich, aufgrund der Persönlichen Erfahrungen von Schulleitung bzw. der Lehrer für getrennte Klassen. Ein Lehrer der Schule CLXX berichtete, dass er selber Zwilling sei und unter der gemeinsamen Beschulung gelitten habe. Demzufolge gab er seine eigenen Erfahrungen an die Schulleitung weiter, die für eine getrennte Beschulung plädierte (A.2., CLXX). Die Schule CVII hatte vor kurzem einen Schulleiterwechsel. Mit dem neuen Schulleiter entstand eine neue Regelung für die Beschulung von Mehrlingen, aufgrund seiner eigenen Erfahrungen (A.2., CVII).

Die Schule CXLI entschied sich durch das folgende Vorgehen für eine Klassen-Trennung: „Wir beobachten die Kinder ganz genau bei der 4,5 jährigen Überprüfung und in der VSK [...]." Dieser Punkt ist der Kategorie Kooperation mit VSK zuzuordnen (A.2., CXLI).

Selbstverständlich ist der Elternwunsch an vielen Grundschulen für die Art der Beschulung entscheidend. Innerhalb dieser Kategorie war der Wille der Eltern an 23 Grundschulen ausschlaggebend. Die Schulen drückten sich vielfach gleich aus, „Die Eltern haben immer auch ein Mitspracherecht [...]" (A.2.,LXXXIV uvm.). Keine Schule konnte indes erklären, wie sich der Elternwunsch eigentlich konturiert. Wodurch aber begründen Eltern ihre Entscheidung? Um diese Frage konkreter beantworten zu können wurden exemplarisch zwei mündliche Befragungen[87] durchgeführt.

Am 14.04.2016 wurde eine mündliche Befragung mit den Eltern von eineiigen Zwillingsjungen durchgeführt. Die Eltern berichteten:

„Unsere Jungs waren in der KiTa zusammen in einer Gruppe, das hat gut funktioniert, doch zu Hause gab es sehr viel Streit zwischen den beiden, sodass wir uns bei der Anmeldung für eine Klassen-Trennung entschieden. Sie sollten sich, wenn sie nach Hause kommen, aufeinander freuen. [...] Wir bevorzugten die Klassen-Trennung, da wir eine individuelle Entwicklung wollten und das entwickeln eines eigenen „Ich" mit eigener Persönlichkeit. [...] Eine Beratung von Seiten der Schulleitung zur Beschulung hat es nicht gegeben, doch die Sekretärin war selbst ein Zwilling und sagte wir sollen sie unbedingt trennen."

Durch die Betrachtung ihrer Beweggründe wird die getroffene Entscheidung erst nachvollziehbar. Es wird sichtbar, dass sich innerhalb dieser Aussagen noch andere Kategorien befinden z.B. persönliche Erfahrungen und individuelle Entwicklung. Eine weitere mündliche Befragung mit einem 19-jährigen zweieiigen Zwillingsmädchen brachten andere Perspektiven mit sich.

„Meine Mutter wollte unbedingt, dass meine Schwester und ich getrennt eingeschult werden. Ich war mit 4 Jahren schulfähig und galt als hochbe-

---

[87] lectus fortuitus

gabt. *Meine Schwester hingegen war in ihrer Entwicklung verzögert und hatte Förderbedarf nötig. So sollte ich ein Jahr früher und sie ein Jahr später eingeschult werden. Meine Mutter wollte nicht, dass wir zwei Schuljahre auseinander unterrichtet werden, weshalb sie den Mittelweg wählte und uns beide gleichzeitig zur regulären Zeit einschulte. Mich ein Jahr später und meine Schwester ein Jahr früher, aber unbedingt in verschiedene Klassen, damit wir uns unabhängig voneinander entwickeln können"* (vgl. Ihde 2016, S. 88).

Diese Gewährsaussage enthält die Kategorien Förderbedarf und individuelle Entwicklung. In einem eigenen Untersuchungsansatz könnten eine Reihe von Zwillingen zu ihrer Einschulungsbiografie selbst interviewt werden. Die Antworten wären zweifellos sämtlich den hier aufgestellten Kategorien zuordenbar und würden die Vielseitigkeit der Meinungen von "Elternwünschen" aufzeigen.

Die privaten Grundschulen, die für eine Klassen-Trennung plädierten, konnten ebenfalls den Kategorien zugeordnet werden. Alle Kategorien stimmten mit denen der staatlichen Grundschulen überein. Die private Grundschule β war die einzige Schule, die Gründe für die Beschulungsart angeben konnte. Sie fand in folgenden Kategorien ihren Niederschlag: Elterwunsch, Kooperation mit der KiTa, Schulische Erfahrungswerte, Konkurrenz, Individuelle Entwicklung, Individuelle Situation und Sicherheit der Kinder. Die Grundschule β bedachte viele verschiedene Bereiche, mit der eine getrennte Beschulung begründet werden konnte. Dort berichtete man von einem Zwillingspaar, bei denen von ihrer ursprünglichen Methode (der Trennung) abgewichen wurde und eine gemeinsame Beschulung als Ausnahmefall durchführten. In concretio litt das Zwillingspaar unter extremer Trauer. Sie sollten daher gemeinsam beschult werden, um sich gegenseitig Sicherheit geben zu können.

Folgend werden die Kategorien vorgestellt, die von staatlichen Grundschulen zu der Beschulungsart „keine Klassen-Trennung" zugeordnet wurden. Durch die Begründungen der sieben Schulen entstand folgende Tabelle:

Kategorie	Anzahl der Schulen
Elternwunsch	5
Individuelle Situation	2
Schulische Erfahrungswerte	3
Konkurrenz	1
Individuelle Entwicklung	1

Tabelle 9: Kategorien für keine Klassen-Trennung von Zwillingen und Drillingen in staatlichen Hamburger Grundschulen

Fünf private Grundschulen begründeten ihre Entscheidungen mittels der Kategorie des Elternwunsches. Wie auch bei der Klassen-Trennung wurde hier nicht deutlich, warum sich Eltern für eine gemeinsame Beschulung entschieden. Die Sekretärin der Grundschule CXLV war selbst Mutter eines Zwillingspärchens und beschrieb den Wunsch der Eltern aus ihrer Sicht:

„Meine Kinder harmonieren sehr gut zusammen und haben sich gewünscht in eine Klasse zu gehen. Jeder hat seinen eigenen Freundeskreis innerhalb

der Klasse. Sie konkurrieren nicht miteinander, sondern unterstützen sich gegenseitig und lernen zusammen. Ein positiver Nebeneffekt ist der gemeinsame Elternabend. Wir treten auch in Austausch mit anderen Zwillingsfamilien, bei denen sieht es komplett anders aus."

Innerhalb dieses Elternwunsches sind wieder verschiedene Kategorien enthalten: Individuelle Entwicklung (eigener Freundeskreis), Individuelle Situation (gemeinsamer Elternabend), sowie die Konkurrenz, welche thematisiert wurde (A.2., CXLV).

Die Kategorie Individuelle Situation wurde von zwei Schulen pro einer gemeinsamen Beschulung gewählt. Die Schulen LVII und CXXXII wurden in diese Kategorie aufgenommen, da sie eine geringe Schülerzahl haben und somit einzügig unterrichten. An diesen Schulen gibt es insgesamt nur vier Klassen – eine erste, eine zweite, eine dritte und eine vierte (A.2., LVII und CXXXII).

Als nächstes wird die Kategorie Schulische Erfahrungswerte mit drei Grundschulen aufgeführt. Die Schule CX rechtfertigt eine gemeinsame Beschulung wie folgt: „Aus unserer Erfahrung spricht nichts dagegen, sie zusammen zu beschulen. Wir trennen sie nur, wenn die Eltern es ausdrücklich wünschen" (A.2., CX). Eine andere Schule (CXLVI) unterstützt diese Aussage und geht sogar noch genauer auf einzelne Aspekte ein. Dort erklärt man: „In der Regel schulen wir sie zusammen ein, damit sie nicht alleine sind. Dann findet eine individuelle Entwicklung statt. Sie haben ihre eigenen Freundeskreise. Das sind unsere Erfahrungen" (A.2., CXLVI). Die Kategorie Konkurrenz findet sich bei einer Schule wieder, genauso wie die Kategorie Individuelle Entwicklung, die von der Schule CXLVI aufgeführt wurde (A.2., CXLVI).

Innerhalb dieses Bereichs finden sich zwei private Grundschulen mit der Kategorie Individuelle Situation wieder. Eine Schule muss aufgrund ihrer Einzügigkeit die Mehrlinge gemeinsam unterrichten. Die andere Schule hat keine Klassenbeschulung, sodass es den Mehrlingen freigestellt ist, zusammen oder getrennt zu arbeiten (A.2., α und ϵ).

Im nun folgenden Abschnitt werden die Schulen mit einer gemischten Beschulungsart von Klassen-Trennung und keiner Klassen-Trennung mit ihrer Begründung für diese Kopplung dargestellt. Die jeweiligen Kategorien gleichen denen der oberen Abschnitte.

Kategorien	Anzahl der Schulen
Persönliche Erfahrungen	6
Konkurrenz	11
Elternwunsch	95
Kooperation mit Kita	10
Individuelle Entwicklung	19
Schulische Erfahrungswerte	13
Sicherheit der Kinder	2
Kooperation mit VSK	10
Individuelle Situation	33
Individuelle Förderung	1

Tabelle 10: Gründe für eine Klassen-Trennung und keine Klassen-Trennung von Zwillingen und Drillingen in staatlichen Hamburger Grundschulen

In dieser Tabelle werden die Anzahlen der Schulen mit ihren jeweiligen Begründungen angegeben. Sechs Hamburger Grundschulen begründen eine Klassen-Trennung bzw. keine Klassen-Trennung mit der Kategorie Persönliche Erfahrungen. Diese Schulen antworteten ähnlich. Die Schule XIX schrieb folgendes:

„Ich selbst bin ein zweieiiger Zwilling, der auf Wunsch der Eltern bei der Einschulung von der Zwillingsschwester getrennt wurde. Dies hat bei uns beiden fast traumatische Auswirkungen gehabt. Aus diesem Grund bemühen wir uns, besonders behutsam mit der Fragestellung umzugehen und die Eltern eingehend zu beraten. Im Zweifel setzen wir die Kinder lieber gemeinsam in eine Klasse, wenn die Kinder nicht selbst eindeutig für getrennte Klassen sind." (A.2., XIX)

Wie schon bereits bei der Schule XIX beschrieb auch die Schule LXXVII ihre Handlung: „[...] Ich als Zwilling habe dann meine eigenen Erfahrungen, die ich mit den Eltern teilen möchte [...]" (A.2., LXXVII).

Als nächstes wurde die Kategorie der Konkurrenz mit elf Befürwortungen angegeben. Die Schule VIII begründet beispielsweise diese Kategorie innerhalb der Beschulungsart wie folgt: „Wenn sich die Kinder sehr unterschiedlich entwickeln in Bezug auf Forderung und Förderung, stehen sie auch nicht in direkter Konkurrenz. [*Es wird*] jeder einzelne Fall genau besprochen und analysiert, [...]" (A.2., VIII). Eine weitere Schule ging nicht auf den direkten Konkurrenzkampf, sondern auf die Dominanz zwischen Zwillingspaaren ein. Sie schrieb: „[...] wir gucken uns an, wie sie miteinander umgehen, ob einer dominanter ist als der andere [...]" (A.2., CXXI).

Innerhalb dieser Beschulungsart ist die Kategorie Elternwunsch an 95 Schulen wiederzufinden. Diese Kategorie wird damit am häufigsten als Grund angeführt. Die meisten Schulen sagten dezidiert: „Bei uns ist der Elternwunsch entscheidend" (A.2., LX). Die Kategorien Kooperation mit VSK und Kooperation mit KiTa wurden jeweils von zehn Grundschulen genannt. Beispielhaft für diese Kategorie schrieb Schule LXIV: „Die Entscheidung [...] liegt bei der Schulleitung. [*Diese*] wird nach langen Gesprächen mit der Kita bzw. den Vorschullehrern getroffen, auf der Grundlage von Berichten und Beobachtungserhebungen" (A.2., LXIV). In diesem Bereich wurden nicht immer beide Kategorien zusammen erwähnt, mitunter wurde auch nur auf eine der beiden Kategorien hingewiesen.

Für neunzehn Grundschulen steht die Individuelle Entwicklung im Vordergrund. Eine Grundschule, die zehn Zwillingspaare beschult, schrieb: „Sie sollen [*sich*] losgelöst und unabhängig vom Geschwisterkind entwickeln können" (A.2., IX). Viele weitere Schulen sagten: „Wir achten natürlich auch auf die individuelle Entwicklung" (A.2., CXXXV uvm.). Bei dreizehn Grundschulen spielen die schulischen Erfahrungswerte eine entscheidende Rolle. Viele Schulen, unter anderem Schule X, antworteten wie folgt: „[...] nach unserer Erfahrung [*kann*] beides richtig sein [...]" (A.2., X u.a.). Zwei Schulen gaben Antworten, die sich in die Kategorie Sicherheit der Kinder einordnen ließen. Schule XI wählte diese Beschulungsart, weil „[...] es den Geschwistern anfangs Sicherheit gab" (A.2., XI). Eine andere Schule tat es ihnen gleich. Sie sagte: „[...] Manchmal brauchen sich die Zwillinge, um einander Sicherheit zu geben" (A.2., CLXXV).

Eine Schule machte die Klassen-Trennung von der Kategorie Individuelle Förderung abhängig. Diese Schule skizzierte die folgende Genese: „[...][*Wir haben*] die Kinder zusammen beschult [...] und nach einem Jahr mussten wir sie trennen, da eines besonderer Unterstützung brauchte" (A.2., CXIII). Unter der Kategorie Individuelle Situation subsumieren sich 33 Schulen. Jede dieser Schulen begründete ihre Entscheidung anders, doch in den meisten Fällen betrachteten sie die Mehrlinge und entschieden je nach Zwillingspaar (A.2.,CIV, CXII uvm.).

Diskussion der Ergebnisse

Zur Anzahl der Mehrlinge an Hamburger Grundschulen

Die Zwillingsrate innerhalb Europas wird auf 1:80 Geburten geschätzt (vgl. Bryan, 1994, S. 15; vgl. Eberhard-Metzger, 1998, S. 22). Die Wahrscheinlichkeit, Drillinge zu gebären, liegt dahingegen bei 1:15000/20000 (vgl. Eberhard-Metzger, 1998, S. 83). Die Auswertung der Daten zeigt, dass sich an 170 staatlichen Hamburger Grundschulen 520 Zwillingspaare und fünf Drillingstriplets befinden. Diese Hochrechnung stimmt nicht mit der Literatur überein. Es kann davon ausgegangen werden, dass im Schuljahr 2015/2016 an staatlichen Hamburger Grundschulen 53064[88] Schülerinnen und Schüler beschult wurden, darunter 1040 Zwillingskinder. Somit werden insgesamt 1,96 % Zwillingskinder an den staatlichen Grundschulen innerhalb Hamburgs unterrichtet[89]. Hamburg beschulte laut Schulbehörde im Schuljahr 2015/2016 168627 Schülerinnen und Schüler an allen staatlichen Schulen. Wird die prozentuale Zwillingsrate von den Hamburger Grundschulen hochgerechnet auf alle Schülerinnen und Schüler der staatlichen Hamburger Schulen (inbegriffen Grundschule, Stadtteilschulen und Gymnasien), dann liegt die gesamte Hamburger Zwillingsrate bei 1:102 (3304 Zwillingskinder). Diese Anzahl gleicht ebenfalls nicht den Angaben der Literatur. Gründe sind u.a. die Schüleranzahlen der nicht an

---

[88] *Siehe die Schüleranzahlen in Hamburg für das Schuljahr 2015/2016 unter dem Link: www.hamburg.de/contentblob/5323720/97e5b9e0c5f28c7767347f04ce5/data/2015-16-hamburger-schulstatistik.pdf, (Letzter Aufruf: 27.05.2016).*
[89] *Bei dieser Berechnung wurden die fünf Drillingstriplets außer Acht gelassen.*

der Studie teilnehmenden Schulen bzw. der Schulen die über die Anzahl von Zwillingen und Drillingen keine Angaben gemacht haben[90].

Es wurde bereits knapp die Drillingsrate erwähnt. In Hamburger Grundschulen befinden sich aktuell unter 52024 Schülerinnen und Schülern insgesamt 15 Drillingskinder[91]. Das ist ein prozentualer Anteil von 0,0288 %. Danach befinden sich an den staatlichen Hamburger Grundschulen 0,0288 % Drillinge. Damit liegt die Drillingsrate in Hamburg bei 1:10417 Geburten. Dieser Wert ist deutlich kleiner als der in der Fachliteratur angegebene Wert von 1:15000/20000.

Wenn die 520 Zwillingspaare formal auf 203 Schulen aufgeteilt werden, werden derzeitig im Durchschnitt 2,56 Zwillingspaare pro staatlicher Grundschule unterrichtet. Im Schnitt kann von zwei Zwillingspaaren pro Grundschule gesprochen werden[92]. In der Realität (vgl. A.4.) konnten jedoch folgende Werte erfasst werden:

---

[90] *In der Schüleranzahl von 53049 liegen die Werte allerdings nur 22 Geburten auseinander, was statistisch keine neue Zwillingsgeburt hinzu setzt. Diesbezüglich kann bei der Untersuchung von realistischen Werten ausgegangen werden.*
[91] *Hierbei werden die Zwillingspaare außer acht gelassen.*
[92] *Hierbei kann außer acht gelassen werden, dass dreizehn Grundschulen nicht an der Befragung teilgenommen haben, da auch ohne diese Schulen ein durchschnittlicher Wert von 2,74 vorliegen würde und letztlich wieder zwei Zwillingspaare an jeder Grundschule beschult werden würden.*

Anzahl der Zwillingspaare	Anzahl der Schulen
1	32
2	52
3	27
4	25
5	12
6	8
7	3
8	1
9	1
10	2
11	2
12	1

Tabelle 11: Anzahl aller Zwillingspaare an den staatlichen Hamburger Grundschulen

Die dargestellte Tabelle soll einen Überblick über die Anzahl von Zwillingen an den jeweiligen Grundschulen verschaffen. Es wurde die Anzahl der Zwillingspaare und die Anzahl der jeweiligen Schulen, die diese Zwillingszahl erfüllen, gegenüber gestellt. Anhand dieser Tabelle ist erkennbar, dass die meisten Grundschulen tatsächlich zwei Zwillingspaare beschulen. Dieser Wert ähnelt der durchschnittlichen Anzahl von Zwillingen pro Schule. Erwähnenswert für die folgenden Überlegungen sind die Grundschulen, deren Zwillingsanzahl im zweistelligen Bereich wiederzufinden ist. Die Schulen III und IX beschulten im Schuljahr 2015/2016 jeweils zehn Zwillingspaare. Die Grundschulen XXXVI und LXXXIX unterrichteten jeweils elf Zwillingspaare. Die Schule LI beschulte im Schuljahr 2015/2016 zwölf Zwillingspaare (vgl. A.4., III, IX, XXXVI, LXXXIX).

Eine zentrale Frage scheint zu sein: Wieso beschulen die meisten Grundschulen zwei Zwillingspaare, andere Grundschulen jedoch eine Anzahl von Zwillingspaaren im zweistelligen Bereich? Es kann sein, dass es in einem bestimmten Stadtteil nur (diese) eine Grundschule gibt. Alle Zwillingskinder aus dem Einzugsbereich diese Schule[93] besuchen diese. Es besteht auch die Möglichkeit, dass diese Schule schon besonders gute Erfahrungen im Umgang mit der Beschulung von Zwillingen gemacht hat. Da in Hamburg freie Schulwahl besteht, könnten die Eltern von Zwillingspaaren „solche" Schulen bevorzugen.

Die Geschlechterverteilung von Zwillingen sowie die Verteilung der Eiigkeit wurde bereits dargestellt (vgl. Trautmann/Ihde, 2017, S. xx). Die Anzahl von zweieiigen Zwillingen ist größer ist als die Anzahl von eineiigen Zwillingen, da nur jede dritte bis vierte Zwillingsgeburt, eineiige Zwillinge hervorbringt (vgl. hier auch Karcher, 1975, S. 15). Abbildung 5 auf Seite 117 stellte die zweieiigen Zwillingspaare mit einer prozentualen Wahrscheinlichkeit von 40 % und die eineiigen Zwillingspaare mit 31 % dar. Demnach werden in Hamburg mehr zweieiige als eineiige Zwillingspaare beschult. Dies hängt mit der hohen Rate an gemischten Zwillingspärchen zusammen, die definitionsgemäß bei zweieiigen Zwillingen vorkommen. Aus der Untersuchung geht zudem hervor, dass innerhalb al-

---

[93] *Dies ist bei Grundschule XXXVI der Fall. Sie ist die einzige Grundschule innerhalb des Stadtteils.*

ler Hamburger Grundschüler 0,6 % Zwillingsjungen, 0,63 %Zwillingsmädchen und 0,61 % gemischte Zwillingspärchen vorhanden sind.

Beschulungsarten von Mehrlingen

Dreiundfünfzig staatliche Hamburger Grundschulen favorisieren eine Klassen-Trennung bei Mehrlingen. Sieben Grundschulen plädieren nicht für eine Klassen-Trennung. 117 Grundschulen führen nach Kasus einerseits eine Klassen-Trennung und andererseits keine Klassen-Trennung durch. Züllig (2012, S. 31) macht auf die negative Zwillingsdynamik aufmerksam, nach der sich eine Klassen-Trennung empfiehlt. In der Tat stellt die Beschulungsfrage von Mehrlingen einen großen Diskussionspunkt dar.

Hamburg besitzt keine Richtlinien für die Beschulung von Mehrlingen. Die Schulen sollen individuell und selbstverantwortet eine Antwort auf diese Frage finden und entscheiden, ob sie eine Klassen-Trennung oder keine Klassen-Trennung der Zwillinge und Drillinge begründet in Betracht ziehen. Gibt es territoriale Interaktions- oder Vorbildmuster bei diesem Vorgehen?

Um alle Schulen miteinander in Verbindung bringen zu können, wurde ein Punktediagramm entwickelt, welches alle staatlichen Hamburger Grundschulen auf einen Blick zeigt.

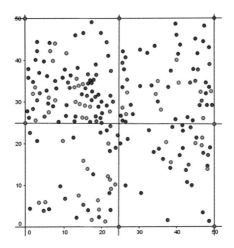

Abb. 8: Darstellung der staatlichen Hamburger Grundschulen nach ihrer Beschulungsart

Die Abbildung 8 stellt Beschulungsarten innerhalb Hamburgs geographisch dar. Für diese bildliche Darstellung wurde die Hamburger Grundfläche in vier Quadranten eingeteilt, die wie in einem mathematischen Koordinatensystem[94] zu betrachten sind. Der erste Quadrant (NO) stellt den Bezirk Wandsbek, der zweite Quadrant (SO) die Bezirke Hamburg Mitte und Bergedorf, der dritte Quadrant (SW) die Bezirke Hamburg-Mitte und Harburg, und der vierte Quadrant (NW) die Bezirke Altona, Eimsbüttel und Hamburg-Nord dar. Die grün farbenen Punkte stehen für eine Klassen-Trennung. Die rot farbenen Punkte markieren keine Klassen-Trennung und die blau farbenen Punkte stehen für ein Gemisch aus beiden Beschulungsarten. Die violett farbenen Punkte schließlich spiegeln die Verweigerung der Untersuchung bzw. die fehlende Beantwortung der Frage wieder.

---

[94] *Ein mathematisches Koordinatensystem besteht aus vier Quadranten, die im Uhrzeigersinn beschriftet werden. Die Beschriftung beginnt immer oben rechts und endet oben links. Zur Verdeutlichung wurden die Himmelsrichtungen NO=Nordosten, SO=Südosten, SW=Südwesten, NW=Nordwesten, angegeben.*

Die Abbildung 8 lässt verschiedene Interpretationen zu. Zum einen ist ersichtlich, dass im Westen Hamburgs deutlich mehr Grundschulen vorhanden sind. Dadurch kommt eine höhere Rate für die Klassen-Trennung als im Osten von Hamburg zustande. Zum anderen wird sichtbar, dass sich die Grundschulen mit keiner Klassen-Trennung im ganzen Hamburger Raum verteilen. Es scheint, als ob es in jedem Bezirk eine Schule gibt, die von der gemeinsamen Beschulung von Zwillingen und Drillingen realiter überzeugt ist. Bei den grün und blau farbenen Punkten fällt auf, dass gleichfarbige Standorte sehr dicht beieinander liegen. In diesem Fall kann die Annahme getroffen werden, dass die Schulen miteinander kommunizieren. Eine Kommunikation zwischen den Grundschulen würde den Austausch über Vor- und Nachteile der Zwillingsbeschulung bedingen und demzufolge die Schuleingangsphase erleichtern. Schulen, die sich für eine Klassen-Trennung entschieden haben und nah beieinander liegen (meistens aus demselben Stadtteil) kommunizieren ebefalls mit hoher Wahrscheinlichkeit miteinander. Besonders auffällig waren die Stadtteile Niendorf und Wilhelmsburg. Dort findet fast durchgehend eine getrennte Beschulung statt, was die grün farbenen Punkte verdeutlichen. Im Stadtteil Wilhelmsburg gehen einige Schulen davon aus, dass es „gesetzliche Richtlinien für eine Klassen-Trennung" von Zwillingen und Drillingen gibt, was laut Aussage der Behörde allerdings nicht der Fall ist.

Des Weiteren findet im westlichen Hamburger Raum bei den Schulen in den ländlicheren Gegenden offenkundig eine intensive Kommunikation statt. Hier wurden öfter Fragen gestellt wie „Unsere Nachbarschule macht das genauso, oder?" (Schule C). Andere Schulen sagten: „Gehen sie mal zur Schule CXXII, die haben immer viele Zwillinge" (Schule CXCVI). Wiederum andere Schulen fragten nach den umliegenden Schulen, ob dort schon die Untersuchung stattgefunden hatte. Von allen 203 Grundschulen haben 10 Schulen aufeinander verwiesen und Nachfragen gestellt. Diesbezüglich kann geschlussfolgert werden, dass – außerhalb der genannten

Exempel – kaum eine Kommunikation zur Zwillings- und Drillingsbeschulung innerhalb der Grundschulen Hamburgs vorhanden ist.

Den größten Raum nehmen die blau farbenen Punkte ein, da sie für eine gemischte Beschulungsart stehen. Bei der Betrachtung dieser Punkte fällt auf, dass ebenfalls in einigen Bezirken eine größere Verdichtung eingegangen wird, wie z.b. im vierten Quadranten links außen oder rechts unten, an der Abszisse zwischen den ersten und zweiten Quadranten oder oben im ersten Quadranten.

Gründe für die gewählte Beschulungsart von Mehrlingen

Schwerpunkt dieser Überlegungen ist die Frage: „Worin liegt die gewählte Beschulungsart der staatlichen Hamburger Grundschulen begründet?" Wieder soll durch ein Punktediagramm die Verteilung der verschiedenen Kategorien für die Beschulungart von Zwillingen und Drillingen verdeutlicht werden.

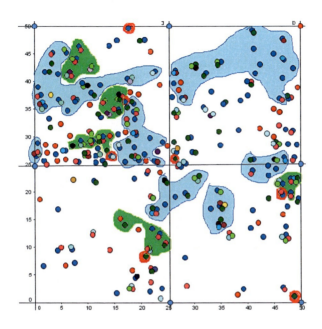

Abb. 9: Darstellung der staatlichen Hamburger Grundschulen anhand ihrer genannten Kategorien.

Abb. 10: Agenda für die farbliche Zuordnung der vorhandenen Kategorien

Die Abbildung 9 ist prinzipiell wie die Abbildung 8 aufgebaut. Die Quadranten aus Abbildung 8 und 9 sind identisch[95]. Jeder farbige Punkt stellt eine Begründungskategorie der Beschulungsart dar. Einige Punkte stehen autark. Andere bilden mit andersfarbigen Punkten ein Molekül[96]. Die Moleküle können unterschiedliche Größen haben. Hier liegen Moleküle aus zwei bis fünf Atomen (Punkten) vor. Die Agenda in Abbildung 10 ordnet jedem farbigen Punkt die zugehörige Kategorie zu. Die schwarzen Punkte stellen die Kategorie Persönliche Erfahrungen dar. Die hellgrünen Punkte bilden die Kategorie Konkurrenz, die dunkelblauen Punkte die Kategorie Elternwunsch. Die weinroten Punkte stellen die Kategorie Kooperation mit KiTa, die hellblauen die Kategorie Kooperation mit VSK und die rosanen die Kategorie Individuelle Entwicklung dar. Die türkisfarbigen Punkte symbolisieren die Kategorie Schulische Erfahrungswerte, die gelbfarbigen Punkte die Kategorie Sicherheit der Kinder und die dunkelgrünfarbigen Punkte die Kategorie Individuelle Situation. Die lilafarbigen Punkte bilden schließlich die Kategorie Individuelle Wahrnehmung, die graufarbigen Punkte die Kategorie Individuelle Förderung und die beigefarbigen Punkte die Kategorie Förderschwerpunkte. Rote Punkte stellen die Schulen, die nicht an der Studie teilgenommen bzw. die Frage nicht beantwortet haben dar. Die ganze Untersuchung baut auf der Kategorienbildung zur Begründung der Beschulungsarten auf, da in der Tat jede Schule hoch individuelle Ansichten verfolgt. Anhand der Abbildungen 8 und 9 werden die gebildeten Kategorien ausgewertet. Erinnert sei daran, dass 53 staatliche Hamburger Grundschulen eine Klassen-Trennung durchführen. Diese Schulen befinden sich überwiegend im vierten Quadranten. Die Abbildung 9 zeigt fünf grüne Zonen. Innerhalb dieser Zonen befinden sich jene Grundschulen, die sich für eine Klassen-Trennung aussprachen. Folgende Kategorien wurden in diesen Zonen bevorzugt angesprochen: Elternwunsch, Individu-

---

[95] Hier gilt wieder dasselbe Prinzip wie im vorigen Abschnitt.
[96] Zur Veranschaulichung wird hier der chemische Begriff des Moleküls verwendet. Punkte, die farblich zusammengehören bilden ein Molekül.

elle Situation, Konkurrenz, Individuelle Entwicklung, sowie Schulische Erfahrungswerte. Diese fünf Kategorien finden sich nicht nur in den drei großen Bereichen des vierten Quadranten wieder, sondern auch in den zwei kleineren Bereichen im dritten und im zweiten Quadranten. Die Kategorie des Elternwunsches wurde innerhalb der Rubrik der Klassen-Trennung 23 mal bestimmt, was einem prozentualen Anteil von 23 % der gesamten Gründe für diese Beschulungsart entspricht. Die Kategorie der Individuellen Entwicklung wurde am häufigsten angesprochen. Innerhalb dieser wird besonders auf die geistige, sprachliche und emotionale Entwicklung der Mehrlinge geachtet. Insgesamt nahm die individuelle Entwicklung 28 % aller Gründe für eine getrennte Beschulung von Mehrlingen ein. Die Kategorie der Konkurrenz, welche schulische und außerschulische Rivalitätskämpfe in Bezug auf Leistungen und Fähigkeiten sowie die dominanten Verhaltensweisen innerhalb einer Zwillings- oder Drillingsbeziehung enthält, nimmt einen prozentualen Anteil von 14 % ein. Die Kategorien der schulischen Erfahrungswerte und der individuellen Situationen nehmen jeweils 12 % der Begründungen für eine getrennte Beschulung von Mehrlingen ein. Hierbei werden zum einen die Kinder als einzelner Kasus, sowie die Erfahrungen der Schulen, die zuvor schon eine Mehrlingsbeschulung durchführten, betrachtet.

Bei Abbildung 9 fällt ebenfalls auf, dass in den meisten Fällen vier nebeneinanderliegende Grundschulen dieselben Beschulungsgründe aufweisen und manche Schulen noch ein oder zwei Gründe zusätzlich anfügten, je nach ihren eigenen Sichtweisen und Erfahrungen. In diesem Zusammenhang wird deutlich, dass die Grundschulen in diesen Bereichen von Hamburg offenkundig miteinander kommunizieren und mutmaßlich sogar eine interne Regelung für die Beschulung existiert.

Wie bei den staatlichen Hamburger Grundschulen gibt es auch private Grundschulen in Hamburg, die eine Klassen-Trennung bevorzugen. Ganz besonders tritt die Schule β in den Vordergrund. Diese Schule brachte folgende Kategorien zum Ausdruck: Elternwunsch, Kooperation mit KiTa, Schulische Erfahrung, Konkurrenz, Individuelle Situation, Individuelle Entwicklung und Sicherheit. Diese Kategorien gleichen sich mit denen der staatlichen Hamburger Grundschulen bis auf zwei zusätzliche Kategorien. Für die Untersuchung der Beschulung von Zwillingen und Drillingen hat diese Erkenntnis eine wesentliche Bedeutung. Sie macht deutlich, dass beide Schulkozepte ihr Augenmerk auf dieselben Schwerpunkte hinsichtlich einer Mehrlingsbeschulung legen. Die Schule β wies zusätzlich die Kategorien Kooperation mit KiTa und die Sicherheit auf, welche aus den Beobachtungen der Schulleitung vor der Einschulung hervorgehen.

Betrachten wir die Grundschulen in Abbildung 8, die sich für eine gemeinsame Beschulung von Zwillingen und Drillingen entschieden. Es fällt auf, dass diese sieben Grundschulen weit auseinander liegen und offenbar ihre eigenen Ansichten zur Mehrlingsbeschulung kultivieren konnten. Diese Schulen werden durch eine kleine rotfarbene Zone dargestellt. Innerhalb dieser Zone befinden sich alle Schulen, die für keine Klassen-Trennung plädierten. Die Kategorie des Elternwunsches nimmt 42 % der Gründe innerhalb der gemeinsamen Beschulung ein. Eine weitere Kategorie bildeten die schulischen Erfahrungswerte, die von 25 % der Grundschulen angesprochen wurde. In diesem Zusammenhang machten die Schulen wohl die Erfahrung, dass eine gemeinsame Beschulung von Mehrlingen keine negativen Auswirkungen auf die Kinder hatte. Des Weiteren befinden sich innerhalb dieser Beschulungsart auch Grundschulen, die aufgrund der Einzügigkeit keine andere Möglichkeit hatten, als die Zwillinge und Drillinge gemeinsam zu beschulen.

Bei Betrachtung des ersten Quadranten der Abbildung 8 fällt eine dunkelblau farbene Zone auf. Diese stellt jene Schulen dar, die eine gemischte Beschulung der Mehrlinge durchführen. Die Abbildung 9 stellt die Kategorien mit den Begründungen der Grundschulen dar[97]. Es ist deutlich erkennbar, dass diese Grundschulen die Kategorien Elternwunsch, Kooperation der VSK, Konkurrenz, Individuelle Situation und die Kooperation mit KiTa bevorzugten. Diese Wahl der Kategorien gleicht der dunkelblauen Zone aus Abbildung 9 im ersten und zweiten Quadranten an der Abszissenachse. Im vierten Quadranten in der Abbildung 9 ist ebenfalls eine dunkelblaue Zone mit denselben Kategorien zu finden. Dort sind lediglich die Kategorien Individuelle Entwicklung und Schulische Erfahrungswerte dazugekommen. Dieselben Kategorien sind auch an der Ordinatenachse des zweiten und dritten Quadranten zu finden sowie im vierten Quadranten an der Außenwand. Die gleichen Molekülfarben stehen für eine gemischte Beschulung. Sie weisen darauf hin, dass diese Schulen übereinstimmende Modalitäten für die Zwillings- und Drillingsbeschulung zur Anwendung bringen. Diese Grundschulen richten sich fast ausschließlich nach den Wünschen der Eltern, haben allerdings auch die Vor- und Nachteile beider Beschulungsarten im Blick. Durch die Häufigkeit der Kategorie Individuelle Situation wurde die Wichtigkeit der Prüfung des konkreten Mehrlingsfalls verdeutlicht. Diesbezüglich werden bei vielen Grundschulen die Kinder bereits beim Vorstellungsverfahren der Viereinhalbjährigen oder bei den Schuleingangsgesprächen beobachtet. Je nach Fall werden sie getrennt oder zusammen beschult. In diesem Zusammenhang spielt die Kategorie der Konkurrenz eine entscheidene Rolle. Wenn ein Kind das andere dominiert oder beide miteinander konkurrieren, wird in jedem Fall eine Klassen-Trennung veranlasst, um eine bessere Beschulung zu gewährleisten. Zusätzlich finden in einigen Fällen Gespräche mit den Kindertagesstätten oder den Vorschulklassen statt, um die individuelle Mehrlingssituation besser einschätzen und beurteilen zu können.

---

[97] *Gerade in dieser gemischten Beschulungsart fällt immer wieder auf, dass sich die gebildeten Kategorien mit den dahinter befindenen konkreten Gründen gegenseitig bedingen.*

Kritische Methodenreflexion

Die Entscheidung, eine quantitative Erhebung anstelle einer qualitativen Studie durchzuführen, erwies sich letztlich als erfolgreich. Die möglichst flächendeckende Erfassung der Vollzüge verknüpft mit den korrespondierenden Denkweisen stand im Fokus. Die staatlichen Grundschulen Hamburgs sollten ihre Ansichten und Handlungsweisen zur Zwillings- und Drillingsbeschulung aussagekräftig und uneingeschränkt mitteilen können. Sinnstiftend und ökonomisch erweis sich dabei die Konstruktion und der Einsatz eines Fragebogens. Das Forschungsinteresse lag auf der Komparation und Clusterung der Daten. Der Fragebogen bot sowohl eine erleichterte Durchführung der Untersuchung, als auch eine Struktur für die mündlichen Befragungen. Bei einer künftigen Durchführung von Befragungen würde ich (CI) auf eine schriftliche Befragung in Form einer Onlineumfrage verzichten. Zwar wird scheinbar Zeit eingespart, da die Onlineumfrage selbständig abläuft. Andererseits geht jedoch Zeit verloren, da der Rücklauf lange dauert und eher gering ist. Daher lohnt ein mündliches face-to-face-Interview nach standardisiertem Leitfaden (vgl. u.a. Trautmann, 2010, S. 71). Eine größere Rückmeldequote und die qualitativen Intarsien rechtfertigen den zeitlichen Mehraufwand immer. Eine mündliche Befragung mittels Telefon würde ich auch vermeiden, da bereits am Anfang der Studie die Erfahrung bestand, schon an dieser Stelle abgewiesen und thematisch gar nicht angehört zu werden. Auch das Versenden von Onlineumfragen mit Anhängen erwies sich ex post facto als ungünstig. 90 Prozent der Bögen wurden nicht angesehen. Einige Grundschulen gaben den Tipp, immer die Schulleitungen und die Sekretariate gleichzeitig anzusprechen, da die Schulleitungen aufgrund des zeitlichen Engpasses kaum Rückmeldungen geben. Bei künftigen fragebogengeleiteten Interviews sollten schwierige Aspekte (z.B. Eiigkeit von Zwillingen und Drillingen) entfernt werden, da die wenigsten Grundschulen darauf Antworten hatten. Diese

Erkenntnis setzt voraus, dass der Fragebogen vorab von mehreren Personen getestet werden müsste, was aufgrund der schulbehördlichen Genehmigung und dem Umfang der Teilnehmerzahl nicht zu bewerkstelligen war.

Fazit der Untersuchung

Die Untersuchung erhob Daten zur Zwillingsbeschulung. Die Studie wurde mit 190 staatlichen und 5 privaten Hamburger Grundschulen mittels mündlicher bzw. schriftlicher Befragungen durchgeführt. In diesem Zusammenhang wurden 520 Zwillingspaare und 5 Drillingstriplets an 170 Grundschulen ermittelt.

In der Hansestadt Hamburg wird an Grundschulen vorwiegend eine gemischte Beschulungsart von Klassen-Trennung und keiner Klassen-Trennung bevorzugt. In den Regionen der bevorzugt gemischten Beschulungsarten wurde in den seltensten Fällen über die Beschulung von Zwillingen und Drillingen kommuniziert. Dennoch lagen in diesen Bereichen ähnliche bzw. gleiche Kategorien zur Begründung der gemischten Beschulungsart vor. Folgende Kategorien standen im Vordergrund:

- Elternwunsch

- Kooperation mit VSK

- Konkurrenz

- Individuelle Situation

- Kooperation mit KiTa

- Individuelle Entwicklung

- Schulische Erfahrungswerte

Diese Kategorien haben Ähnlichkeit mit den Kategorien für die Klassen-Trennung, welche von 53 Grundschulen bevorzugt gewählt wurden. Anders als bei den gemischten Beschulungsarten findet in den Regionen der Klassen-Trennung eine Kommunikation zwischen den Schulen statt, sodass zumindest im Bereich Hoheluft, Niendorf und Wilhelmsburg eine interne Regelung vermutet werden kann. Diese Grundschulen verwiesen bevorzugt auf die folgenden Kategorien:

- Elternwunsch
- Individuelle Situation
- Konkurrenz
- Individuelle Entwicklung
- Schulische Erfahrungswerte

Die Grundschulen, die sich für eine gemeinsame Beschulung von Zwillingen und Drillingen aussprachen, waren im Hamburger Raum weit verteilt und kommunizierten offenkundig nicht miteinander. Aufgrund ihrer eher ländlichen Lage wurde vorwiegend folgende Kategorien angesprochen

- Individuellen Situation
- Elternwunsch
- Schulischen Erfahrungswerte

Aus diesen Ergebnissen lässt sich final feststellen, dass sich Hamburger Grundschulen unterschiedliche Gedanken über die Zwillings- und Drillingsbeschulung machen. Sie bemühen sich, den Bedürfnissen ihrer Schützlinge gerecht zu werden. Einige Schulen verlassen sich bei der Mehrlingsbeschulung auf die Erfahrungen ihrer Kolleginnen und Kollegen. Andere kommunizieren mit ihren Nachbarschulen und kooperieren in dieser Domäne mit ihnen. Wieder andere Schulen holen sich externe Expertise, indem sie sich über die Problematiken wie die Zwillingsdynamik und korrespondierende Entwicklungsschwierigkeiten informieren. Zwei Schulen innerhalb Hamburgs unterrichten in der Schuleingangsphase der ersten Klassen nach einem Einschulungsmodell, welches als „Luftballonprinzip" bekannt wurde. Mit Hilfe dieser Methode des flexiblen groupings (vgl. hier Trautmann, 2016, S. 158) kann die Klassenzusammensetzung besser durchdacht und organisiert werden. Dies scheint für die Mehrlingsbeschulung gewinnbringend. Durch diese Methoden und andere didaktische und schulorganisierte Ableitungen können Mehrlinge mehrheitlich eine gewissenhafte Auswahl der Beschulungsart erwarten.

Diese Studie „Zur Beschulung von Zwillingen und Drillingen in Hamburger Grundschulen" zeigt aber auch, dass noch viel zu wenige Grundschulen von der Spezifik der Zwillings- und Drillingsproblematik wissen und somit keine professionelle Haltung zur Beschulung ausbilden konnten. Unabdingbar scheint daher Fortbildung und Sensibilisierung hinsichtlich dieser Domäne zu sein.

In der Studie geht es nicht darum, eine „feste" Beschulungsart in den Hamburger Grundschulen zu haben, sondern professionell eine geeignete Beschulungsart für ein spezifisches Paar oder Triplet zu finden[98], sodass die Entwicklung der individuellen Persönlichkeit mit Selbständigkeit und Selbstbewusstsein mit hoher Wahrscheinlichkeit gewährleistet werden kann. Um diese Denkweise auszuprägen, wäre die Einführung eines Einschulungsmodells oder/und einer geregelten Schuleingangsphase von Bedeutung. Innerhalb dieser Zeit kann geprüft werden, welche Beschulungsart den jeweiligen Schülerinnen oder Schülern gerecht wird. Dieses Vorgehen ist in erster Linie für die Schulleitungen, für Eltern, Erzieherinnen und Erzieher, sowie Lehrerinnen und Lehrer ein großer zeitlicher und organisa-

---

[98] Vgl. http://diepresse.com/home/bildung/schule/pflichtschulen/717683/Zwillinge-in-der-Schule_Zusammen-oder-getrennt, (Letzter Aufruf: 03.07.2016).

torischer Aufwand. Für alle Beteiligten ist ein Einschulungsmodell eine große Chance für jedes Mehrlingskind und auf lange Sicht eine Arbeitserleichterung für alle.

Demzufolge sollten für Hamburger Grundschulen Richtlinien erarbeitet werden, nach denen die Beschulungart von Zwillingen und Drillingen, abhängig von dem individuellen Geschwister-Fall, diagnostisch genau bestimmt werden kann.

Didaktische und schulorganisatorische Ableitungen

Bei der praktischen Umsetzung der Beschulung von Zwillingen und Drillingen gibt es flächendeckend ein eher wenig übersichtliches Meinungsbild. Die Unterbringung von Mehrlingen in verschiedenen Klassen sorgt nicht immer für eine bessere Entwicklung der Individualität (vgl. Bryan, 1994, S. 60). Aber Differenz macht nicht nur stolz, sondern erzeugt auch Neid (vgl. Straßmann, 2007, S.4). Final scheint festzustehen: Eltern werden unzureichend über die „bessere" Beschulungsart vor der Einschulung informiert vgl. (Bryan, 1994, S. 59). Die Schulen wissen zu wenig über die erzieherischen Aspekte der speziellen Zwillings- und Drillingsbeziehungen (vgl. Züllig, 2012, S. 41).

Die Untersuchungen in allen staatlichen Hamburger Grundschulen haben ergeben, dass 117 Schulen ein Gemisch aus Klassen-Trennung und keine Klassen-Trennung durchführen. Auch bei Betrachtung der Resultate kann prinzipiell nicht postuliert werden, ob die Klassen-Trennung gegenüber keiner Klassen-Trennung eine bessere Variante darstellt. Doch sie hat deutlich mehr Anhänger als die Klassen-Trennung (53 Nennungen) und die gemeinsame Beschulung (7 Nennungen). Es kann davon ausgegangen werden, dass eine dem Fall und der Situation angemessene Melange aus beiden Beschulungsarten eine entwicklungsgemäße Lösung für das Beschulungsproblem von Zwillingen und Drillingen darstellt.

Um solche Lösungen überhaupt ins Auge fassen zu können, müssen sich Schulleitungen zuerst über die Zwillingsproblematik informieren, um in Folge die Eltern bei einem persönlichen Gespräch sinnstiftend (und auftragsfrei) beraten zu können. Weiterhin sollten Zwillinge und Drillinge im Auftrage der Schulleitungen differenziert beobachtet werden. Das kann im Prozess der Vorstellung der Viereinhalbjährigen erfolgen, denn es muss vor der Einschulung erfolgen (vgl. hier Züllig, 2012, S. 39). Diese Beobachtungen helfen einerseits dabei, die Mehrlinge in ihren aktuellen Erfahrungsfeldern kennenzulernen. Andererseits können bereits früh negative Zwillingsdynamiken erkannt werden. Diesen kann man durch eine mit Bedacht gewählten Beschulungsart entgegenwirken (vgl. ebd., S. 31; vgl. Weigert/Weigert, 1997, S. 28). Durch diese Beobachtungen wird letztlich tatsächlich der individuelle Zwillings- bzw. Drillingsfall betrachtet.

Als Richtlinie für die Einschätzung der individuellen Zwillingssituation dient z.b. das Maß, unabhängig voneinander zu arbeiten. Wenn Zwillinge bei jeder Tätigkeit nach ihren Geschwister suchen, um dessen Bestätigung für eine Handlung zu bekommen, sollten sie in getrennten Klassen eingeschult werden. In solchen Fällen entsteht mitunter eine sprachliche Dominanz, die zu einer sprachlichen Unterentwicklung des untergeordneten Zwillings oder Drillings führt (vgl. Züllig, 2012, S. 23). Wird während der Beobachtung eine starke gegenseitige Beeinflussung der Zwillinge oder Drillinge festgestellt, sodass sich die unterschiedlichen Fähigkeiten und Neigungen nicht frei entwickeln oder separat gefördert werden können, sollte – so zeigen diese Untersuchungsergebnisse – ebenfalls eine Klassen-Trennung vorgenommen werden. Stellt die Schulleitung während der Beobachtung fest, dass die Zwillinge oder Drillinge permanent einen Konkurrenzkampf miteinander führen, um zu sehen, wer schneller und besser ist, sollte in jedem Fall eine Klassen-Trennung erfolgen, außer die Mehrlinge haben dieselben Fähigkeiten. Dann kann der Konkurrenzkampf ein Ansporn für die Schaffung von großen Leistungen sein. In diesem Fall kann eine gemeinsame Beschulung sinnstiftend sein (vgl. hier Bryan, 1994, S. 66). Werden durch den Austausch mit Eltern unterschiedliche Begabungen oder ein großes Leistungsgefälle angesprochen, dann sollte für eine individuelle Entfaltung beider Zwillinge und besonders für den Zwilling, der im Schatten seines Geschwisters steht, eine Klassen-Trennung vorgenommen werden (vgl. Eberhard-Metzger, 1998, S. 51). Sind diese Faktoren beim Umgang der Zwillinge oder Drillinge miteinander nicht vorhanden, können sie auch in derselben Klasse eingeschult werden. Voraussetzung dafür ist eine individualisierende Lernumgebung, in der auch kooperativ gearbeitet werden kann (vgl. Gayko 2014).

Nach den Beobachtungen sollte Kontakt zu den Kindertagesstätten und Vorschulklassen aufgenommen werden, damit ein zielgerichteter Austausch entstehen kann. Die Schulleitungen bekommen im besten Falle Rückmeldungen zu ihren Beobachtungen und können sich entgültig auf eine Beschulungsart festlegen.

Eltern, die mit der pädagogischen Entscheidung des Schulleiters nicht einverstanden sind, können helfen, ihren Zwillingen und Drillingen lebensweltliche Individualisierungschancen zu eröffnen. Die Mehrlinge in verschiedene Spielgruppen und sportlichen Aktivitäten mit einer professionellen Betreuung zu geben ist ebenso ein Impuls wie die Unterstützung unterschiedlicher Interessen und Neigungen. Dies erscheint erst einmal ziemlich aufwändig, doch es ermöglicht den Kindern vor dem Schuleintritt, eigene Erfahrungen zu machen und die Unabhängigkeit von ihrem Geschwister zu erfahren (vgl. Züllig, 2012, S. 47).

In dieser Studie bemühten sich 33 von 117 Grundschulen, den individuellen Fall der Kinder zu prüfen, um eine geeignete Beschulungsart für die Zwillinge und Drillinge zu finden. Von allen staatlichen Hamburger

Grundschulen nehmen damit 16,25 % diese entwicklungsfördernde Haltung ein. Zu konstatieren ist, dass dieser wert äußerst bedenklich – weil gering – ist und durch gezielte Sensibilisierung der Schulleitungen umgehend verbessert werden sollte.

Modellierung „guter" Mehrlingsbeschulung

Eine entwicklungsfördernde Mehrlingsbeschulung sollte schon weit vor der Einschulung beginnen. Die Zwillinge oder Drillinge werden von den Erziehungsberechtigten bei einer Grundschule angemeldet und bekommen von der Grundschule eine Einladung zu einem ersten Kennenlernen mit der Schulleitung. Innerhalb dieses Gesprächs bekommt die Schulleitung einen ersten Eindruck von den Kindern. Anschließend erhalten die Eltern von der jeweiligen Schule die Benachrichtigung, dass ihre Zwillinge bzw. Drillinge ab den kommenden Schuljahr dort beschult werden können. In diesem Schulbescheid befindet sich eine Einladung zu einem Spielenachmittag mit allen Kindern, die an dieser Grundschule eingeschult werden. Während dieses Nachmittags bekommen alle Kinder einen Luftballon. Insgesamt werden acht[99] verschiedene Luftballonfarben verteilt. Jede Farbe steht für eine Luftballongruppe, in der die Kinder zeitweise zwei bis drei Wochen nach der Einschulung unterrichtet werden. Während der Anfangsphase bilden zwei Luftballongruppen[100] eine gemeinsame Lerngruppe, damit die Lehrerinnen und Lehrer des Jahrgangs die Kinder kennenlernen können. Das Ziel dieser Gruppierungen soll sein, alle möglichen Konstellationen von Kindern mit den beteiligten Lehrerinnen und Lehrern im Unterricht

---

[99] Die Anzahl ist je nach Schulgröße variabel. Bei einer zweizügigen Klassenaufteilung ist die genannte Anzahl ausreichend.

[100] Wichtig zu erwähnen ist, dass die Zusammensetzung der Gruppen nicht über die vollen zwei bis drei Wochen so bleibt, sondern immer wieder varriiert wird, je nach Arbeitsphase und individuellem Auftreten der Kinder.

und in den Pausenzeiten erlebbar zu machen. Für diese Zeit wird in jeder Gruppe ein passiver Beobachter eingesetzt um Notizen über die Konstellationen anzufertigen. Die Schulleitung sieht sich ebenfalls jede Lerngruppe an. Dieserart Erfahrungen der Anfangszeit sind später ausschlaggebend für die Klassenzusammensetzung der Schülerinnen und Schüler. Mit Hilfe einer objektivierten Einschätzung der Lernsituation innerhalb der zwei bis drei Wochen können Kriterien entwickelt werden, die eine Verteilung aller Kinder nach pädagogischen Gesichtspunkten ermöglichen. Dieses schließt auch Inklusionskinder mit besonderem Förderbedarf und die Zwillinge bzw. Drillinge mit ein. Vor der Klassenaufteilung beraten sich Lehrerinnen und Lehrer mit der Schulleitung und den Beobachtungspersonen, um eine Entscheidung für die Aufteilung der zukünftigen Klassen zu treffen. Dieses System wurde von der Schule CIV als „Luftballonprinzip"[101] bezeichnet, welches Konflikte bei der Klassenzusammensetzung weitgehend vermeidet. Für die hier vorliegende Studie zur Beschulung von Zwillingen und Drillingen hat das „Luftballonprinzip" einen höchst positiven Effekt. Die Schule kann in der Schuleingangsphase feststellen, ob eine Klassen-Trennung oder keine Klassen-Trennung für jedes einzelne Zwillingspaar oder Drillingstriplet als geeignet erscheint. Durch die verschiedenen Gruppenkonstellationen können die Beobachter die Bereitschaft und Fähigkeiten der Kinder im Umgang mit ihrem Zwilling/Drilling und den anderen Kindern objektiver beurteilen (vgl. Weigert/Weigert, 1997, S. 16). Des Weiteren entscheidet in diesem Fall nicht die Schulleitung alleine die Beschulungsart, sondern sie wird durch den Austausch von fachkundigen Lehrpersonen unter verschiedenen pädagogischen Aspekten bestimmt.

Dieses Einschulungsmodell hat allerdings auch nachteilige Aspekte. Durch das permanente Wechseln der Arbeitsgruppen haben die Schulbeginner gerade in ihrer Eingangsphase wenig(er) Halt und wechselnde Bezugspersonen (Lehrkräfte). Das bringt bei einigen Kindern u.U. Schwierigkeiten

---

[101] Vgl. grundschule-alsterdorfstrasse.hamburg.de/einschulungsmodell// (Letzter Aufruf: 20.05.2016).

im Verhalten oder die Tendenz zum Rückzugsverhalten mit sich. Die Schülerinnen und Schüler haben durch diese besondere Form in den ersten Wochen wenig Beständigkeit und Normalität, wodurch eventuell auch die Lust an der Schule partiell verloren gehen kann. Letztlich nimmt diese Form der Eingangsphase nur drei Wochen in Anspruch.

Sollen die Zwillinge bzw. Drillinge in dieselbe Klasse eingeschult werden, dann sollten die Lehrerinnen und Lehrer für einen hohen Grad an Individualisierung sorgen. Voraussetzung ist auch hier zunächst die umfängliche Information der Lehrpersonen über Zwillings- und Drillingsbeziehungen. Infolgedessen müssen sie ihr eigenes pädagogisches Pofessionsverhalten dem der Zwillinge und Drillinge anpassen. Dazu gehört der absolute Verzicht auf Vergleiche zwischen den Kindern – inklusive Leistungen, Fähigkeiten und Charaktereigenschaften. Die Zwillinge und Drillinge sollen nicht nebeneinander sitzen. Durch die verschiedenen Sitzplätze können zwillingsdynamische Schwierigkeiten wie Abhängigkeit, fehlende Eigenverantwortlichkeit und gegenseitige Beeinflussung unterbunden werden. Durch eine professionelle Sitzordnung kann sogar Privatsphäre für jedes der beiden Kinder geschaffen werden. Zwillinge sollten nie in gleichen Lern- bzw. Arbeitsgruppen agieren. Inhaltlich-didaktisch sind für Individualisierung verschiedene Aufgabenstellungen angezeigt. Werkstattarbeit oder Projekte, offene Aufgabenstellungen oder/und Kür-Pflicht-Domänen helfen, die Unabhängigkeit der Kinder zu stärken und ihr eigenes Lerntempo zu finden. Hinzu kommt die einzelne Zuwendung zum Kind. Lob und Tadel sollen gegenüber dem jeweiligen Kind ausgesprochen werden und nicht in der Gemeinschaft. Elternbriefe werden beiden Kindern mitgegeben.

Findet die Einschulung von Mehrlingen so statt, wie es in diesem Kapitel skizziert wird, dann sollte eine individuelle Entwicklung von Zwillingen bzw. Drillingen hohe Gelingenschancen haben. Wichtig ist, dass sie die Möglichkeit bekommen, voneinander angstfrei loslassen zu können, eigene

Freundeskreise zu finden (und zu pflegen), sowie ihre eigenen Fähigkeiten und Stärken zu entdecken und auszubauen.

Offene Fragen

Während meiner Studie bin ich (CI) an unzählige Grundschulen gelangt, die mich mit folgenden Sätzen vertrösteten: „Das kann ich Ihnen jetzt nicht sagen. Dafür haben wir keine Zeit. Was fällt Ihnen eigentlich ein, mich im Tagesgeschäft zu unterbrechen?" Wenn die Schulen bereits keine Zeit haben vier kleine Fragen zu beantworten, werden sie dann Zeit finden, um sich intensiv mit der Mehrlingsproblematik auseinanderzusetzen und die Kinder dem folgend gewissenhaft zu beschulen?

Der zeitliche Faktor spielt in der Schule selbstredend eine wesentliche Rolle, wobei jedoch eine gut organisierte Schule immer Platz für Weiterbildungen und Auseineinandersetzungen mit aktuellen Problemen findet. Es ist hinreichend bekannt, dass durch eine nachhaltige Organisation des Schulgeschehens ein lohnendes Ergebnis folgt, durch das auf lange Sicht Arbeitserleichterung entsteht. Demzufolge ist die Grundmotivation und Organisation der Schulleitungen ein Schlüsselfaktor (auch) für eine „gute" Mehrlingsbeschulung.

Mündliche Befragungen bringen immer das Problem der Impulse durch die Forscherin mit sich. In einigen Fällen wussten die Schulleiterinnen und Schulleiter bzw. die Sekretäre und Sekretärinnen keine Antworten auf die Fragen der Untersuchungsleiterin. Die Gefahr, durch Impulse die Befragten in eine Richtung zu lenken oder Alltagsfloskeln anzubieten, schien mitunter naheliegend. Des Weiteren wurde mir (CI) bedeutet, die Zeit der Schulleitungen nicht unnötig zu „verschwenden". Hier bestand die Gefahr der „schnellen Antworten" durch die Schulsekretariate. Eventuell hätten

Mitlieder der Schulleitungen anders auf die Fragen geantwortet. In vielen Fällen konnten jedoch die Mitarbeiter im Schulbüro deutlich mehr Auskunft über die Anzahl und Beschulung von Zwillingen und Drillingen geben als die Schulleiterinnen und Schullleiter selbst.

Innerhalb dieser Forschungsarbeit wurden Punktediagramme aufgeführt, die graphisch Auskunft über die Beschulungsart und dessen Begründungen geben sollten. Es wurde die Frage gestellt, ob die Schulen mit derselben Beschulungsart und ähnlichen Begründungen miteinander kommunizieren oder auch nicht kommunizieren. In diesem Zusammenhang stellt sich die Frage, ob innerhalb dieser Grafik weitere Aspekte und Interpretationsmöglichkeiten gefunden werden können, die die Untersuchende (CI) nicht gesehen hat. Des Weiteren stellt sich die Frage, ob anhand der Diagramme in den Abbildungen 9 und 10 ein Rückschluss auf die Anzahl der Zwillinge und Drillinge vorgenommen werden kann und wie sich die unterschiedlichen Zwillingszahlen an den Grundschulen begründen lassen.

Auch forschungsmethodisch lässt sich eine Reihe von Andockpunkten ausmachen. Es könnten Zwillinge mit verschiedenen Beschulungsarten qualitativ in Einzelfallstudien begleitet werden, sodass herausgefunden wird, welche Beschulungsart die sinnvollere Variante für Zwillinge und Drillinge selbst ist. Unterschiedliche Einzelfallanalysen können miteinander in Beziehung gesetzt werden. Damit verdeutlicht sich plastisch, dass jedes Zwillingspaar individuell ist und von einem Einzelfall nicht formal auf die Mehrheit geschlossen werden kann. Des Weiteren sollte sichergestellt werden, dass bei dem Zwillingspaar mit einer gemeinsamen Beschulung eine Individualerziehung erfolgt, damit ungefähr dieselben Untersuchungsfelder gewährleistet sind. Dies kann eine didaktische Studie mit eigens kreierten Materialien und Medien zur Individualisierung von Anfangsunterricht leisten.

Ein anderer interessanter Punkt könnte die Beschulung von Mehrlingen in anderen Bundesländern darstellen. Da sich die Grundschulen in Hamburg auf einem territorial engen Raum befinden, könnten die Schulen anderer Flächenländer andere Ansichten zu dieser Thematik haben. Interessant zu wissen wäre, ob die Bundesländer eine ähnliche Zwillings- und Drillingsrate wie die Hamburgischen Schulen aufweisen und/oder ob dort die Grundschulen miteinander kommunizieren und kooperieren. In diesem Zusammenhang könnte man auch an weiterführenden Schulen untersuchen, ob auf die Beschulungsart aus der Grundschule zurückgegriffen wird oder ein eigenes Modell der (Weiter-)Beschulung existiert.

Literatur

Printmedien:

Atteslander, Peter (2010): Methoden der empirischen Sozialforschung. Berlin: Erich Schmidt Verlag.
Bryan, Elizabeth (1994): Zwillinge, Drillinge und noch mehr. Praktische Hilfen für den Alltag. Bern: Verlag Hans Huber.
Eberhard-Metzger, Claudia (1998): Stichwort Zwillinge. München: Wilhelm Heyne Verlag.
Frey, Barbara (2006): Zwillinge und Zwillingsmythen in der Literatur. Berlin: Iko-Verlag.
Gayko, Friederike Luise (2014): Zur Qualität kooperativen Lernens im individualisierten Unterricht – eine Stichprobe einer zweiten Klasse der Max-Brauer-Schule Hamburg. Masterthesis für das LA der Primar- und Sekundarstufe. Universität Hamburg.
Ihde, Christin; Trautmann, Thomas (2017): Einschulungspraxis von Zwillingen. Das Beispiel Hamburg. Berlin: Logos.
Jahnn, Hans Henny (1987): Dreizehn nicht geheure Geschichten, Leipzig: Philip Reclam.
Karcher, Helmut L. (1975): Wie ein Ei dem anderen: Alles über Zwillinge. München und Zürich: R. Piper und Co. Verlag.
Kesten, Hermann (1947): Die Zwillinge von Nürnberg. Amsterdam: Querido.
Klompmaker, Nynke (2002): Ich bin ich und du bist du. München: dtv junior.
Schöneck, Nadine M.; Voß, Werner (2013): Das Forschungsprojekt. Planung, Durchführung und Auswertung einer quantitativen Studie, 2. Auflage. Wiesbaden: Springer Fachmedien.
Spinath, Frank (2003): Zwillingsforschung an der Universität des Saarlandes.
Sternberg, Leo (1929): Der antike Zwillingskult im Lichte der Ethnologie. In: *Zeitschrift für Ethnologie* 61 (1929): S. 152-200.
Straßmann, Burkhard (2007): Woher haben die das? In: DIE ZEIT, 28.06.2007 Nr. 27.
Trautmann, Thomas (2010): Interviews mit Kindern. Wiesbaden: VS Verlag.
Trautmann, Thomas (2016): Einführung in die Hochbegabtenpädagogik. 3. akt. und erw. Aufl. Hohengehren: Schneider.
Trautmann, Thomas; Ihde Christin (2017): Grundlegendes – Zwillinge "als solche". In: Ihde, Christin; Trautmann, Thomas (2017):Einschulungspraxis von Zwillingen. Das Beispiel Hamburg. Berlin: Logos. S. 12-101
Weigert, Edgar; Weigert Hildegund (1997): Schuleingangsphase. Hilfen für eine kindgerechte Einschulung. 5. Aufl. Weinheim/Basel: Beltz.
Züllig, Tonja (2012): Zwillinge finden ihren eigenen Weg, 6. Auflage, Twinmedia Verlag.

Internet

http://www.hamburg.de/bsb/hamburger-sozialindex/, (Letzter Aufruf: 01.06.2016).

https://www.uibk.ac.at/iezw/mitarbeiterinnen/senior-lecturer/bernd_lederer/downloads/quantitativedatenerhebungsmethoden.pdf, (Letzter Aufruf: 12.06.2016).

www.hamburg.de/contentblob/5323720/97e5b9e0c5f28c7767347f04ce5/data/2015-16-hamburger-schulstatistik.pdf, (Letzter Aufruf: 27.05.2016, 11.42).

http://zughalt.de/wp-content/uploads/2010/07/hvv_6589.jpg, (Letzter Aufruf: 16.06.2016)

http://www.focus.de/gesundheit/ratgeber/psychologie/gesundepsyche/tid-14359/zwillinge-fluch-und-segen-der-engen-verbundenheit_aid_401601.html, (Letzter Aufruf: 03.07.2016).

http://www.focus.de/gesundheit/ratgeber/psychologie/gesundepsyche/tid-14359/zwillinge-das-doppelt-gemeisterte-leben_aid_401600.html, (Letzter Aufruf: 03.07.2016).

http://diepresse.com/home/bildung/schule/pflichtschulen/717683/Zwillinge-in-der-Schule_Zusammen-oder-getrennt, (Letzter Aufruf: 03.07.2016).
grundschule-alsterdorfstrasse.hamburg.de/einschulungsmodell/, (Letzter Aufruf: 20.05.2016).

http://magazin.spiegel.de/EpubDelivery/spiegel/pdf/13499296.

www.twinsplanet.ch/paedagogik.html, (Letzter Aufruf: 18.04.2016).

www.hamburg.de/contentblob/64534/data/bbs-br-zum-schulanfang-11-07.pdf.

http://www.hamburg.de/bsb/monitoring-evaluation-diagnoseverfahren/4025966/artikel-vorstellung-4-5-jaehrigen/.

http://www.hamburg.de/contentblob/1995414/data/schulgesetzdownload.pdf (Letzter Aufruf: 08.08.2016).

https://www.kmk.org/fileadmin/Dateien/pdf/Statistik/Klassenbildung_2015.pdf (Letzter Aufruf: 08.03.2017)

Abbildungsverzeichnis

Abb. 1: Verteilung der Zwillingsbeschulung an den staatlichen Hamburger Grundschule 113

Abb. 2: Verteilung der Zwillingsbeschulung an den privaten Hamburger Grundschulen 115

Abb. 3: Verteilung der Drillingsbeschulung an den staatlichen Hamburger Grundschulen 116

Abb. 4: Verteilung der Geschlechter aller Zwillingspaare an den staatlichen Hamburger Grundschulen 118

Abb. 5: Verteilung der Eiigkeit aller Zwillinge an den staatlichen Hamburger Grundschulen 119

Abb. 6: Verteilung aller Beschulungsarten an den staatlichen Hamburger Grundschulen 122

Abb. 7: Verteilung aller Beschulungsarten an den staatlichen Hamburger Grundschulen 124

Abb. 8: Darstellung der staatlichen Hamburger Grundschulen nach ihrer Beschulungsart 146

Abb. 9: Darstellung der staatlichen Hamburger Grundschulen anhand ihrer genannten Kategorien 149

Abb. 10: Agenda für die farbliche Zuordnung der vorhandenen Kategorien 149

Tabellenverzeichnis

Tabelle 1: Anzahl der Schulen, die Zwillinge beschulen 111

Tabelle 2: Anzahl der Zwillinge an Privatschulen 113

Tabelle 3: Anzahl der Zwillingspaare 116

Tabelle 4: Anzahl der Eiigkeit der Zwillingspaare 117

Tabelle 5: Anzahl der Geschlechterverteilung bei Drillingen 120

Tabelle 6: Anzahl der Beschulungsarten 121

Tabelle 7: Anzahl der Beschulungsarten an Privatschulen 123

Tabelle 8: Kategorien für eine Klassen-Trennung 131

Tabelle 9: Kategorien für keine Klassen-Trennung 136

Tabelle 10: Kategorien für eine Klassen-Trennung und keine Klassen-Trennung 139

Tabelle 11: Zwillingsanzahl an den einzelnen Schulen 145

Anhang

A.1 Fragebogen zur Forschung

Studie zur Zwillings- und Drillingsforschung

Sehr geehrte Schulleiterinnen und Schulleiter, sehr geehrte Lehrerinnen und Lehrer,

mein Name ist Christin Ihde und ich studiere im 3. Mastersemester Lehramt für Primar- und Sekundarstufe I an der Universität Hamburg für die Fächer Mathematik und Chemie.

Im nächsten Semester möchte ich gerne meine Masterarbeit zum Thema „Zwillings- und Drillingsforschung schreiben. Dafür setze ich mich mit allen Grundschulen Hamburgs in Verbindung und hoffe auf Ihre Unterstützung. Ich würde mich sehr freuen, wenn Sie diesen kurzen Fragebogen beantworten. Für weitere Fragen stehe ich Ihnen selbstverständlich unter xxxxxxxxxx@studium.uni-hamburg.de, zur Verfügung.

Vielen lieben Dank für Ihre Mühe und Unterstützung.

Mit freundlichen Grüßen

gez. Christin Ihde

1. Werden derzeitig an Ihrer Schule Zwillinge und/oder Drillinge unterrichtet?

    ☐ Ja   ☐ Nein   ☐ Weiß nicht

Wenn ja, dann geben Sie bitte die genaue Anzahl der Zwillinge an und notieren, ob sie eineiig oder zweieiig sind.

- Zwillingsmädchen   …. Pärchen sind eineiig und …. zweieiig.
- Zwillingsjungen   …. Pärchen sind eineiig und …. zweieiig.
- Zwillingspärchen   …. Pärchen

Wenn ja, dann geben Sie bitte die genaue Anzahl der Drillinge an und notieren ob sie eineiig oder zweieiig sind.

- …. Drillinge, …. Mädchen und …. Jungen, davon sind …. eineiig und …. zweieiig.

2. Wie gehen Sie bei der Einschulung der Zwillinge/ Drillinge vor? Findet eine Aufteilung auf verschiedene Klassen statt oder werden sie in dieselbe Klasse eingeschult? Bitte kreuzen Sie an.

- Darüber haben wir uns noch keine Gedanken gemacht
- Wir trennen die Zwillinge/ Drillinge
- Wir trennen die Zwillinge/ Drillinge nicht
- Manchmal trennen wir die Zwillinge/ Drillinge und manchmal nicht
-

3. Wie kam es zu Ihrer Vorgehensweise? Gibt es bestimmte Gründe oder eine Geschichte, die Ihr Handeln begründen?

_____

_____

_____

[1]Ich möchte zur Einschulung von Zwillingen/ Drillingen noch folgendes anmerken!

_____
_____
_____

Vielen Dank für Ihre Mitarbeit.

Ich freue mich sehr über Ihr Engagement.

A.4 Tabellen zur Zwillings- und Drillingsforschung

A.4.1 Anzahl der Zwillinge und Drillinge

Schulen	Anzahl Zwillingsjungen	Anzahl Zwillingsmädchen	Anzahl Zwillingspärchen	Gesamt Zwillinge	Gesamt Drillinge
I	0	1	1	2	0
II	1	1	3	5	0
III	4	2	4	10	0
IV	0	0	2	2	0
V	0	1	2	3	1
VI	1	3	1	5	0
VII	1	1	2	4	0
VIII	1	1	1	3	0
IX	2	8	0	10	0
X	2	0	0	2	0
XI	0	0	2	2	0
XIII	1	2	1	4	0
XIV	0	1	0	1	0

XV	0	1	1	2	0
XVI	1	3	2	6	0
XVIII	0	2	2	4	0
XIX	0	1	1	2	0
XXI	1	0	0	1	0
XXII	0	0	1	1	0
XXIII	0	0	2	2	0
XXIV	1	1	1	3	0
XXV	0	1	1	2	0
XXVIII	0	4	1	5	0
XXIX	0	5	2	7	0
XXX	2	1	1	4	0
XXXI	0	8	1	9	0
XXXII	1	0	0	1	0
XXXIII	2	4	0	6	0
XXXIV	0	2	2	4	0
XXXV	4	0	0	4	0
XXXVI	3	4	4	11	0
XXXVII	1	1	0	2	0
XXXVIII	1	0	0	1	0

XXXIX	0	2	0	2	0
XXXX	1	1	0	2	0
XXXXIII	0	0	2	2	0
XXXXIV	3	0	4	7	0
XXXXVII	3	0	2	5	1
IL	3	0	1	4	0
L	0	2	1	3	0
LI	6	4	2	12	0
LII	0	1	1	2	0
LIII	0	0	3	3	0
LIV	1	1	2	4	1
LV	3	2	1	6	0
LVI	0	1	0	1	0
LVII	1	1	1	3	0
LIX	2	4	2	8	0
LX	1	0	0	1	0
LXI	2	0	0	2	0
LXII	3	0	0	3	0
LXIII	0	1	1	2	0

LXIV	2	0	1	3	0
LXV	2	1	0	3	0
LXVI	1	1	0	2	0
LXVII	1	1	1	3	0
LXIX	0	0	1	1	0
LXX	0	1	0	1	0
LXXI	2	1	2	5	0
LXXII	0	1	1	2	0
LXXIII	1	0	1	2	0
LXXIV	2	0	1	3	0
LXXV	1	1	1	3	0
LXXVI	0	3	0	3	0
LXXVII	1	0	0	1	0
LXXVIII	0	1	0	1	0
LXXIX	3	0	0	3	0
LXXX	0	2	0	2	0
LXXXI	2	0	0	2	0
LXXXII	1	2	1	4	0
LXXXIII	1	1	0	2	1
LXXXIV	0	1	0	1	0

LXXXV	1	1	0	2	0
LXXXVI	1	1	2	4	0
LXXXVII	1	0	0	1	0
LXXXVIII	0	0	2	2	0
LXXXIX	3	5	3	11	0
XC	1	0	1	2	0
XCI	1	1	0	2	0
XCIII	0	1	0	1	0
XCVII	1	0	1	2	0
XCVIII	0	1	1	2	0
XCIX	0	2	2	4	0
C	0	1	3	4	0
CI	0	0	1	1	0
CII	2	1	0	3	0
CIII	0	0	1	1	0
CIV	3	2	1	6	0
CVI	0	0	2	2	0
CVIII	0	1	0	1	0
CIX	3	0	3	6	0

CX	0	0	2	2	0
CXI				3	0
CXII	2	1	3	6	0
CXIII	3	0	2	5	0
CXIV	0	1	1	2	0
CXV	1	1	1	3	0
CXVIII	0	0	1	1	0
CXIX	0	0	2	2	0
CXX	1	0	1	2	0
CXXI	2	2	0	4	0
CXXII	0	2	0	2	0
CXXIII	0	1	2	3	0
CXXIV	0	1	1	2	0
CXXVI	1	1	0	2	0
CXXVII				1	0
CXXVIII	1	0	1	2	0
CXXX	1	1	0	2	0
CXXXII	1	1	0	2	0
CXXXIII	0	1	0	1	0

CXXXIV				5	0
CXXXV	2	0	0	2	0
CXXXVI	2	0	0	2	0
CXXXVIII	0	0	1	1	0
CXXXIX	1	0	0	1	0
CXL	0	0	1	1	0
CXLI	0	2	0	2	0
CXLII	0	0	1	1	0
CXLIII	0	3	0	3	0
CXLIV	0	1	3	4	0
CXLV	1	1	0	2	0
CXLVI	1	0	0	1	0
CXLVII	0	0	1	1	0
CXLVIII	1	1	1	3	0
CXLIX	1	0	1	2	0
CLI	2	1	2	5	0
CLII	2	0	0	2	0
CLIII	0	0	2	2	0
CLIV	2	2	0	4	0
CLV	0	0	1	1	0

CLVI	1		0	5	1
CLVII	2	0	0	2	0
CLVIII	0	1	0	1	0
CLIX	2	0	1	3	0
CLX	1	0	0	1	0
CLXI				6	0
CLXII				3	0
CLXIII	1	1	1	3	0
CLXIV	3	2	0	5	0
CLXV	2	1	1	4	0
CLXVI	1	1	2	4	0
CLXVII	2	0	0	2	0
CLXVIII	2	4	1	7	0
CLXIX				3	0
CLXX	1	1	0	2	0
CLXXI	1	3	1	5	0
CLXXII	1	2	1	4	0
CLXXIII	0	0	1	1	0
CLXXIV	0	1	2	3	0

CLXXV	0	0	2	2	0
CLXXVI	0	0	3	3	0
CLXXVII				4	0
CLXXVIII	0	0	3	3	0
CLXXIX	1	0	1	2	0
CLXXX	1	5	0	6	0
CLXXXI				5	0
CLXXXII	0	1	0	1	0
CLXXXIII	0	1	3	4	0
CLXXXIV	1	2	0	3	0
CLXXXV	2	0	2	4	0
CLXXXVI	3	0	1	4	0
CLXXXIX	2	0	0	2	0
CXC	1	0	0	1	0
CXCII	1	0	1	2	0
CXCIII	0	0	4	4	0

CXCIV	1	1	2	4	0
CXCV	2	2	0	4	0

A.4.2 Anzahl der Eiigkeit der Zwillinge

Schulen	Anzahl eineiige Jungen	Anzahl zweieiige Jungen	Anzahl eineiige Mädchen	Anzahl zweieiige Mädchen	Anzahl Zwillingspärchen
I	0	0	1	0	1
II	1	0	1	0	3
III	1	1	0	1	4
V	0	0	1	0	2
VI	1	0	3	0	1
VII	0	1	0	1	2
VIII	1	0	1	0	1
IX	2	0	6	2	0
X	1	1	0	0	0
XI	0	0	0	0	2
XIII	0	1	1	1	1
XV	0	0	0	1	1
XVI	1	0	2	1	2

XVIII	0	0	2	0	2
XIX	0	0	0	1	1
XXII	0	0	0	0	1
XXIII	0	0	0	0	2
XXIV	1	0	1	0	1
XXV	0	0	0	1	1
XXVIII	0	0	4	0	1
XXIX	0	0	3	2	2
XXX	2	0	1	0	1
XXXI	0	0	6	2	1
XXXII	1	0	0	0	0
XXXIV	0	0	0	2	2
XXXV	4	0	0	0	0
XXXVII	1	0	1	0	0
XXXVIII	0	1	0	0	0
XXXIX	0	0	2	0	0
XXXX	1	0	1	0	0
XXXXIII	0	0	0	0	2
XXXXIV	3	0	0	0	4
L	0	0	0	2	1

LI	6	0	2	2	2
LII	0	0	1	0	1
LIII	0	0	0	0	3
LIV	0	1	1	0	2
LV	2	1	2	0	1
LVI	0	0	1	0	0
LVII	1	0	1	0	1
LIX	1	1	2	2	2
LX	1	0	0	0	0
LXII	3	0	0	0	0
LXIII	0	0	0	1	1
LXIV	1	1	0	0	1
LXVI	0	1	0	0	0
LXVII	1	0	1	0	1
LXIX	0	0	0	0	1
LXX	0	0	1	0	0
LXXII	0	0	1	0	1
LXXIII	1	0	0	0	1
LXXIV	2	0	0	0	1
LXXV	1	0	1	0	1

LXXVI	0	0	3	0	0
LXXVII	0	1	0	0	0
LXXIX	3	0	0	0	0
LXXXI	1	1	0	0	0
LXXXII	1	0	2	0	1
LXXXIV	0	0	1	0	0
LXXXV	1	0	0	1	0
LXXXVIII	0	0	0	0	2
XC	1	0	0	0	1
XCI	1	0	1	0	0
XCIII	0	0	1	0	0
XCVII	1	0	0	0	1
XCIX	0	0	2	0	2
C	0	0	1	0	3
CII	1	1	0	1	0
CVIII	0	0	1	0	0
CXIII	3	0	0	0	2
CXIV	0	0	1	0	1
CXV	1	0	1	0	1
CXX	1	0	0	0	1

CXXII	0	0	2	0	0
CXXIII	0	0	1	0	2
CXXIV	0	0	1	0	1
CXXVIII	1	0	0	0	1
CXXX	1	0	1	0	0
CXXXII	1	0	1	0	0
CXXXIII	0	0	1	0	0
CXXXV	2	0	0	0	0
CXXXVI	0	2	0	0	0
CXXXIX	1	0	0	0	0
CXLI	0	0	2	0	0
CXLIV	0	0	1	0	3
CXLV	1	0	1	0	0
CXLVIII	1	0	1	0	1
CXLIX	1	0	0	0	1
CLI	0	2	1	0	2
CLIV	2	0	1	0	0
CLVII	2	0	0	0	0
CLVIII	0	0	1	0	0
CLIX	2	0	0	0	1

CLX	1	0	0	0	0
CLXIII	0	1	0	1	1
CLXVI	1	0	1	0	2
CLXVII	1	1	0	0	0
CLXX	1	0	1	0	0
CLXXIX	1	0	0	0	1
CLXXXI	0	0	1	0	0
CLXXXIII	0	0	1	0	3
CXC	1	0	0	0	0

A.4.3 Anzahl der Eiigkeit der Drillinge

Schulen	Anzahl eineiige Jungen	Anzahl zweieiige Jungen	Anzahl eineiige Mädchen	Anzahl zweieiige Mädchen
V	0	2	0	1

XXXXVII	0	2	0	1
LIV	0	2	0	1
LXXXIII	0	2	0	1
CLVI	0	0	2	1

A.4.4 Beschulungsart mit Kategorien der Hamburger Grundschulen

Schule	Beschulung	Grund
I	Trennung	Keine Angaben
II	Trennung	Individuelle Wahrnehmung
III	Trennung/ Keine Trennung	Persönliche Erfahrungen, Konkurrenz
IV	Keine Angaben	Keine Angaben
V	Trennung/ Keine Trennung	Elternwunsch, Individuelle Entwicklung
VI	Trennung/ Keine Trennung	Elternwunsch
VII	Trennung/ Keine Trennung	Elternwunsch, Kita
VIII	Trennung/ Keine Trennung	Individuelle Entwicklung, Konkurrenz

IX	Trennung / Keine Trennung	Individuelle Entwicklung, Elernwunsch
X	Trennung / Keine Trennung	Elternwunsch, Schulische Erfahrungen
XI	Trennung/ Keine Trennung	Sicherheit
XII	Trennung/ Keine Trennung	Elternwunsch, Kita, VSK
XIII	Trennung/ Keine Trennung	Elternwunsch
XIV	Trennung/ Keine Trennung	Elternwunsch, Kita, Schulische Erfahrungen
XV	Trennung	Elternwunsch, Schulische Erfahrungen, Förderschwerpunkte
XVI	Trennung	Konkurrenz, Individuelle Förderung
XVII	Keine Angaben	Keine Angaben
XVIII	Trennung/ Keine Trennung	Schulische Erfahrungen
XIX	Trennung/ Keine Trennung	Elternwunsch, Persönliche Erfahrungen

XX	Keine Angaben	Keine Angaben
XXI	Trennung/ Keine Trennung	Elternwunsch, Schulische Erfahrungswerte
XXII	Trennung/ Keine Trennung	Elternwunsch, VSK
XXIII	Trennung/ Keine Trennung	Elternwunsch
XXIV	Trennung/ Keine Trennung	Individuelle Entwicklung
XXV	Trennung/ Keine Trennung	Elternwunsch, Kita, VSK
XXVI	Trennung/ Keine Trennung	Elternwunsch
XXVII	Keine Angaben	Keine Angaben
XXVIII	Trennung	Individuelle Entwicklung, Konkurrenz, Schulische Erfahrungswerte
XXIX	Trennung/ Keine Trennung	Elternwunsch
XXX	Trennung/ Keine Trennung	Elternwunsch
XXXI	Trennung	Individuelle Entwicklung
XXXII	Trennung/ Keine	Elternwunsch

	Trennung	
XXXIII	Trennung/ Keine Trennung	Individuelle Entwicklung, Elternwunsch
XXXIV	Keine Trennung	Elternwunsch
XXXV	Trennung	Schulische Erfahrungswerte, Individuelle Wahrnehmung
XXXVI	Trennung/ Keine Trennung	Elternwunsch
XXXVII	Keine Angaben	Keine Angaben
XXXVIII	Keine Angaben	Keine Angaben
XXXIX	Trennung	Förderschwerpunkte
XXXX	Trennung	Schulische Erfahrungswerte
XXXXI	Keine Angaben	Keine Angaben
XXXXII	Trennung/ Keine Trennung	Schulische Erfahrungswerte, Individuelle Entwicklung
XXXXIII	Trennung/ Keine Trennung	Individuelle Situation
XXXXIV	Trennung	Elternwunsch, Schulische Erfahrungswerte

XXXXV	Keine Angaben	Keine Angaben
XXXXVI	Keine Angaben	Keine Angaben
XXXXVII	Keine Angaben	Keine Angaben
XXXXVIII	Trennung/ Keine Trennung	Individuelle Situation, Konkurrenz, Schulische Erfahrungswerte, Individuelle Entwicklung
IL	Trennung/ Keine Trennung	Elternwunsch
L	Trennung/ Keine Trennung	Elternwunsch
LI	Trennung/ Keine Trennung	Schulische Erfahrungswerte, Elternwunsch
LII	Trennung/ Keine Trennung	Elternwunsch
LIII	Keine Angaben	Keine Angaben
LIV	Keine Angaben	Keine Angaben
LV	Trennung/ Keine Trennung	Individuelle Situation, Elternwunsch
LVI	Trennung	Elternwunsch, Individuelle Situation
LVII	Keine Trennung	Individuelle Situation

LVIII	Trennung/ Keine Trennung	Elternwunsch, Individuelle Situation, Individuelle Entwicklung
LIX	Trennung/Keine Trennung	Elternwunsch, Individuelle Situation
LX	Trennung/ Keine Trennung	Elternwunsch
LXI	Trennung/ Keine Trennung	Individuelle Situation, Schulische Erfahrungswerte, Konkurrenz
LXII	Trennung/ Keine Trennung	Elternwunsch, Individuelle Entwicklung
LXIII	Trennung/ Keine Trennung	Individuelle Situation
LXIV	Trennung/ Keine Trennung	Individuelle Situation, Persönliche Erfahrungen, Kita, VSK
LXV	Trennung/ Keine Trennung	Individuelle Situation
LXVI	Trennung/ Keine Trennung	Elternwunsch, Individuelle Situation
LXVII	Trennung	Elternwunsch, Individuelle Entwicklung, Konkurrenz

LXVIII	Trennung	Schulische Erfahrungswerte, Individuelle Wahrnehmung, Individuelle Entwicklung
LXIX	Trennung/ Keine Trennung	Elternwunsch, Individuelle Situation
LXX	Trennung/ Keine Trennung	Elternwunsch
LXXI	Trennung/ Keine Trennung	Elternwunsch
LXXII	Trennung/ Keine Trennung	Elternwunsch, Schulische Erfahrungswerte, Kita, VSK
LXXIII	Trennung/ Keine Trennung	Elternwunsch, Schulische Erfahrungswerte
LXXIV	Trennung/ Keine Trennung	Elternwunsch, Individuelle Entwicklung
LXXV	Trennung/ Keine Trennung	Elternwunsch
LXXVI	Trennung/ Keine Trennung	Elternwunsch, Individuelle Situation
LXXVII	Trennung/ Keine Trennung	Elternwunsch, Persönliche Erfahrungen, Konkurrenz

LXXVIII	Trennung/ Keine Trennung	Elternwunsch, Individuelle Entwicklung, VSK
LXXIX	Trennung/ Keine Trennung	Elternwunsch, Individuelle Entwicklung
LXXX	Trennung / Keine Trennung	Elternwunsch
LXXXI	Trennung	Konkurrenz, Elternwunsch
LXXXII	Trennung	Elternwunsch, Schulische Erfahrungswerte, Konkurrenz
LXXXIII	Trennung	Elternwunsch, Konkurrenz, Individuelle Entwicklung
LXXXIV	Trennung	Individuelle Situation, Individuelle Entwicklung, Konkurrenz, Elternwunsch
LXXXV	Trennung	Individuelle Wahrnehmung, Individuelle Förderung
LXXXVI	Trennung	Elternwunsch, Individuelle Entwicklung, Individuelle Situation
LXXXVII	Trennung	Persönliche Erfahrungen,

		Individuelle Entwicklung, Konkurrenz, Individuelle Situation
LXXXVIII	Trennung/ Keine Trennung	Individuelle Situation
LXXXIX	Trennung/ Keine Trennung	Elternwunsch
XC	Trennung	Keine Angaben
XCI	Trennung	Elternwunsch
XCII	Trennung	Individuelle Situation
XCIII	Keine Angaben	Keine Angaben
XCIV	Keine Angaben	Keine Angaben
XCV	Keine Angaben	Keine Angaben
XCVI	Keine Angaben	Keine Angaben
XCVII	Trennung/ Keine Trennung	Elternwunsch
XCVIII	Keine Angaben	Keine Angaben
XCIX	Trennung	Elternwunsch, Individuelle Entwicklung
C	Trennung/Keine	Elternwunsch, Kita, Schulische Erfahrungswerte,

		Trennung	Individuelle Entwicklung
	CI	Trennung/ Keine Trennung	Elternwunsch
	CII	Trennung/ Keine Trennung	Elternwunsch, Individuelle Entwicklung
	CIII	Trennung/ Keine Trennung	Konkurrenz, Individuelle Entwicklung
	CIV	Trennung/ Keine Trennung	Elternwunsch, Individuelle Situation
	CV	Keine Trennung	Elternwunsch
	CVI	Trennung/ Keine Trennung	Elternwunsch, Konkurrenz, Individuelle Entwicklung
	CVII	Trennung	Persönliche Erfahrungen
	CVIII	Trennung/ Keine Trennung	Elternwunsch
	CIX	Trennung	Individuelle Situation
	CX	Keine Trennung	Schulische Erfahrungswerte, Elternwunsch
	CXI	Trennung/ Keine Trennung	Elternwunsch

CXII	Trennung/ Keine Trennung	Konkurrenz, Individuelle Entwicklung, Kita, Individuelle Situation
CXIII	Trennung/ Keine Trennung	Schulische Erfahrungswerte, Elternwunsch, Individuelle Förderung
CXIV	Trennung/ Keine Trennung	Elternwunsch, Individuelle Situation
CXV	Trennung/ Keine Trennung	Elternwunsch
CXVI	Trennung	Keine Angaben
CXVII	Trennung/ Keine Trennung	Elternwunsch
CXVIII	Trennung/ Keine Trennung	Individuelle Situation
CXIX	Trennung/ Keine Trennung	Elternwunsch
CXX	Trennung/ Keine Trennung	Elternwunsch
CXXI	Trennung/ Keine Trennung	VSK, Elternwunsch, Konkurrenz, Individuelle Entwicklung, Individuelle Situation

CXXII	Trennung/ Keine Trennung	Elternwunsch
CXXIII	Trennung	Konkurrenz, Individuelle Entwicklung
CXXIV	Trennung/ Keine Trennung	Elternwunsch, Individuelle Situation, Individuelle Entwicklung, VSK
CXXV	Trennung/ Keine Trennung	Elternwunsch
CXXVI	Trennung/ Keine Trennung	Elternwunsch
CXXVII	Trennung	Keine Angaben
CXXVIII	Trennung	Individuelle Situation
CXXIX	Trennung	Elternwunsch
CXXX	Trennung	Elternwunsch, Individuelle Entwicklung
CXXXI	Trennung	Konkurrenz, Individuelle Entwicklung, Schulische Erfahrungswerte
CXXXII	Keine Trennung	Individuelle Situation
CXXXIII	Trennung	Individuelle Entwicklung, Individuelle Situation

CXXXIV	Trennung/ Keine Trennung	Elternwunsch, Individuelle Situation
CXXXV	Trennung/ Keine Trennung	Elternwunsch, Individuelle Entwicklung
CXXXVI	Trennung/ Keine Trennung	Elternwunsch
CXXXVII	Trennung/ Keine Trennung	Individuelle Situation
CXXXVIII	Trennung	Elternwunsch, Individuelle Entwicklung
CXXXIX	Trennung	Elternwunsch, Individuelle Entwicklung
CXL	Trennung/Keine Trennung	Elternwunsch, Individuelle Situation
CXLI	Trennung	Elternwunsch, Individuelle Situation, Individuelle Entwicklung, Konkurrenz, VSK
CXLII	Trennung	Elternwunsch, Konkurrenz, Schulische Erfahrungswerte
CXLIII	Trennung/ Keine Trennung	Keine Angaben

CXLIV	Trennung/ Keine Trennung	Persönliche Erfahrungen, Individuelle Situation
CXLV	Trennung/ Keine Trennung	Elternwunsch, Schulische Erfahrungswerte
CXLVI	Keine Trennung	Individuelle Entwicklung, Schulische Erfahrungswerte, Elternwunsch
CXLVII	Trennung/ Keine Trennung	Elternwunsch, Individuelle Situation
CXLVIII	Trennung/ Keine Trennung	Elternwunsch, VSK
CXLIX	Trennung	Individuelle Entwicklung, Elternwunsch
CL	Trennung/ Keine Trennung	Elternwunsch
CLI	Trennung/ Keine Trennung	Elternwunsch
CLII	Trennung	Individuelle Entwicklung, Elternwunsch
CLIII	Trennung/ Keine Trennung	Elternwunsch
CLIV	Trennung/ Keine Trennung	Elternwunsch

CLV	Trennung/ Keine Trennung	Elternwunsch, Individuelle Situation
CLVI	Trennung/ Keine Trennung	Elternwunsch, Individuelle Situation
CLVII	Trennung	Elternwunsch
CLVIII	Trennung/ Keine Trennung	Individuelle Situation
CLIX	Trennung	Elternwunsch
CLX	Trennung	Schulische Erfahrungswerte, Konkurrenz, Individuelle Entwicklung, Individuelle Situation
CLXI	Trennung/ Keine Trennung	Elternwunsch, VSK
CLXII	Trennung/ Keine Trennung	Elternwunsch
CLXIII	Trennung/ Keine Trennung	Elternwunsch
CLXIV	Trennung/ Keine Trennung	Elternwunsch
CLXV	Trennung	Elternwunsch, Individuelle Situation, Individuelle Entwicklung

CLXVI	Trennung/ Keine Trennung	Elternwunsch
CLXVII	Trennung/ Keine Trennung	Elternwunsch, Individuelle Situation, Konkurrenz
CLXVIII	Trennung/ Keine Trennung	Persönliche Erfahrungen, Individuelle Situation, Konkurrenz
CLXIX	Trennung/ Keine Trennung	Elternwunsch
CLXX	Trennung	Elternwunsch, Individuelle Entwicklung, Konkurrenz, Schulische Erfahrungswerte
CLXXI	Trennung/ Keine Trennung	Elternwunsch
CLXXII	Trennung	Individuelle Entwicklung, Konkurrenz, Schulische Erfahrungswerte
CLXXIII	Trennung/ Keine Trennung	Elternwunsch
CLXXIV	Trennung/ Keine Trennung	Elternwunsch, Individuelle Situation
CLXXV	Trennung/ Keine Trennung	Elternwunsch, Individuelle Situation, Kita, Sicherheit

CLXXVI	Trennung/ Keine Trennung	Elternwunsch
CLXXVII	Trennung/ Keine Trennung	Elternwunsch
CLXXVIII	Trennung	Elternwunsch, Individuelle Entwicklung
CLXXIX	Trennung/ Keine Trennung	Elternwunsch
CLXXX	Trennung/ Keine Trennung	Elternwunsch
CLXXXI	Trennung/ Keine Trennung	Elternwunsch
CLXXXII	Trennung/ Keine Trennung	Elternwunsch
CLXXXIII	Trennung	Elternwunsch, Individuelle Entwicklung
CLXXXIV	Trennung	Elternwunsch, Schulische Erfahrungswerte
CLXXXV	Trennung/ Keine Trennung	Elternwunsch
CLXXXVI	Trennung	Individuelle Entwicklung
CLXXXVII	Keine Angaben	Keine Angaben

CLXXXVIII	Keine Angaben	Keine Angaben
CLXXXIX	Trennung/ Keine Trennung	Elternwunsch, Individuelle Situation
CXC	Trennung	Individuelle Wahrnehmung, Individuelle Situation, Individuelle Entwicklung
CXCI	Trennung	Individuelle Entwicklung
CXCII	Trennung/ Keine Trennung	Elternwunsch
CXCIII	Trennung/ Keine Trennung	Elternwunsch, Kita
CXCIV	Trennung	Individuelle Entwicklung, Konkurrenz
CXCV	Trennung/ Keine Trennung	Elternwunsch
CXCVI	Keine Angaben	Keine Angaben
CXCVII	Keine Angaben	Keine Angaben
CXCVIII	Keine Angaben	Keine Angaben
CXCIX	Keine Angaben	Keine Angaben
CC	Keine Angaben	Keine Angaben

CCI	Keine Angaben	Keine Angaben
CCII	Keine Angaben	Keine Angaben
CCIII	Keine Angaben	Keine Angaben

A.4.5 Tabellen zu den privaten Hamburger Grundschulen

Anzahl aller Zwillinge und Drillinge an den untersuchten Schulen

Schulen	Anzahl Zwillingsjungen	Anzahl Zwillingsmädchen	Anzahl Zwillingspärchen	Gesamt Zwillinge	Gesamt Drillinge
β	2	1	0	3	0

Die Beschulung von Zwillingen und Drillingen

	Darüber haben wir nicht nachgedacht	Klassen-Trennung	Keine Klassen-Trennung	Trennung/ keine Trennung	Keine Angaben
Anzahl der Schu-	0	2	2	1	0

len					

Beschulungsart mit Kategorien der privaten Hamburger Grundschulen

Schule	Beschulung	Grund
α	Keine Trennung	Individuelle Situation
β	Trennung	Elternwunsch, Kita, Schulische Erfahrungswerte, Konkurrenz, Individuelle Situation, Individuelle Entwicklung, Sicherheit
γ	Trennung/ Keine Trennung	Individuelle Situation
δ	Trennung	Keine Angaben
ε	Keine Trennung	Individuelle Situation

Kategorien für die Klassen-Trennung von Zwillingen und Drillingen in den Hamburger Privatschulen

	Anzahl der Schulen
Elternwunsch	1
Kooperation mit Kita	1
Schulische	1

Erfahrungen	
Konkurrenz	1
Individuelle Situation	1
Individuelle Entwicklung	1
Sicherheit	1

Kategorien für keine Klassen-Trennung von Zwillingen und Drillingen in den Hamburger Privatschulen

	Anzahl der Schulen
Individuelle Situation	2

Kategorien für Klassen-Trennung und keine Klassen-Trennung der Zwillinge und Drillinge in den Hamburger Privatschulen

	Anzahl der Schulen
Individuelle Situation	1

In der Reihe „*Individuum – Entwicklung – Institution*", herausgegeben von Prof. Dr. Thomas Trautmann sind bisher erschienen:

ISSN 2364-2912

1	Lara Maschke	Am Dienstag darf man nie auf's Klo!? oder: Ironie im Unterricht	
		ISBN 978-3-8325-3932-0, 2015, 163 Seiten	32.00 €
2	Thomas Trautmann (Hg.)	Begabungsförderung am Gymnasium. Enrichment am Beispiel Lernentwicklungsblatt	
		ISBN 978-3-8325-4086-9, 2015, 270 Seiten	39.80 €
3	Mareike Brümmer, Thomas Trautmann	„Vom Sichtbar Werden – Sichtbar Sein". Divergentes Denken als Element ästhetischer Erfahrung und deren Verarbeitung im begabungsfördernden Unterricht – nachgezeichnet an einer weiblichen Viertklässlerin	
		ISBN 978-3-8325-4217-7, 2016, 199 Seiten	34.50 €
4	Thomas Trautmann, Jule Brommer (Hrsg.)	Transitionen exemplarisch. Schulanfang, Klassenstufensprung, Schulartwechsel am Einzelfall	
		ISBN 978-3-8325-4311-2, 2016, 478 Seiten	49.80 €
5	Christin Ihde, Thomas Trautmann	Einschulungspraxis von Zwillingen	
		ISBN 978-3-8325-4468-3, 2017, 200 Seiten	35.50 €

Alle erschienenen Bücher können unter der angegebenen ISBN im Buchhandel oder direkt beim Logos Verlag Berlin (www.logos-verlag.de, Fax: 030 - 42 85 10 92) bestellt werden.